ちくま新書

経済学講義

飯田泰之
Iida Yasuyuki

1276

経済学講義【目次】

構　成　山本菜々子
イラスト　淵上恵美子

はじめに

本書は「経済学という学問分野」のガイドブックです。

経済と無縁の生活を送ることは不可能です。日常生活からビジネス、さらには政策の理解まで経済が関係しない分野はないといっても過言ではありません。この経済について体系的な解釈の方法を提供するのが経済学の役割です。だからこそ、「経済学入門」をうたう書籍に一定の需要が存在しつづけているわけです。

しかし、(『はじめての株式投資』とか『年金問題がわかる本』のような)個別の話題の解説書とは異なり、「経済学」の入門書はどうも「わかった感」「役に立った感」に乏しいというのが正直な感想ではないでしょうか。経済学というツールは経済に関するあらゆる問題に応用することができます。ところが、この「何にでも応用できる」という性質ゆえに、

初学者は「何に使えるのかわからない」という感覚に陥ってしまいがちなのです。

経済学の基礎を習得することは、今後の思考にとって大きな武器となります。個別の経済問題に関する（まともな）解説書に書かれていることは、各テーマに関する「経済学を用いた解釈」です。すると、経済学を理解しているなら各種解説書を読み、情報を収集するのは大幅に楽になるでしょう。それこそ、読まないでも内容がわかるという本さえも少なくないかもしれません。

「経済学」は学んでおいて損のない学問です。しかし、経済学に限らず体系・システムを理解するにはそれなりの準備運動が必要です。その必要性を理解いただくために、毎年4月から夏にかけて全国の経済学部で観察される残念な事例を紹介しましょう。経済学部のほとんどの1年生にとって「経済学という学問」を学ぶのは初めての体験です。そのため、学生は「ざっくりとしたイメージ」さえない状態で、何から学ぶべきか、何が大切で何が大切でないか把握しないまま大学の講義をうけることになります。いま説明されている理論がなぜ必要なのか、どんな話につながるのか知らないままにノートを取り、練習問題をこなしているだけですと、一応は問題が解けるようになっても「難解なだけで、何をやっているのかわからない」という印象のまま経済学に興味を失ってしまうことになります。このような方向感覚の喪失を防ぎたいというのが本書執筆の第一の動機です。

これは大学生に限らず、経済学を学び始めた人すべてが陥りがちな罠です。意気込んでミクロ経済学、マクロ経済学の入門書を買ってはみたものの途中で投げ出してしまったという経験をすでにお持ちの方もあるでしょう。体系・システムを学ぶにあたっては、本格的な学習の前に全体イメージを把握しておく必要があります。経済学を学ぶにあたっては、入門の前に経済学全体のストーリーを知っておくという経験があったほうが、その後の学習がスムーズなのです。

本書では、ミクロ経済学・マクロ経済学・計量経済学という経済学の基盤となる分野について、大学の学部で学ぶ内容を「ざっくり」と紹介していきます。テーマ・話題を広くとることで「経済学部で学ぶこと」のイメージを描くように説明が進むため、多くの入門書で詳しく説明している部分をあえて飛ばしていたり、通常は入門書では取り扱わない話題に言及したりしています。

入門書で広範な範囲をカバーしようとすると、ともすると「用語集」のような記述になってしまいがちです。用語集型の入門書の問題点は、さまざまな理論の「名称」やその考案者の「氏名」はわかったものの、それが何の役に立つのかわからないというところにあります。そこで本書では「〇〇を証明する（または説明する）ためにこの理論モデルが必要になった」という目的論的な説明を心がけました。目的論的な議論の展開は多くの研究者が嫌うところですが、全体像をつかむための方便としては効率的であるというのが教師としての私の判断です。

そしてもうひとつの特色はその構成です。実際に経済学を使うようになる人――政治家や官僚（そして経済学者）になるという人以外にとって、経済学を学ぶ最大の意義は「経済学っぽい思考法」を自分の「思考のツール」として身につけることにあります。経済学的な思考にとって欠かせないのがデータとの対話、そしてデータによる検証です。そこで、類書では割愛されることの多い計量経済学に多くのページを割いています。

経済理論が何のために必要かを意識し、経済学的な思考をトレースすることで、経済学の全体イメージをつかむ。これは大学の新入生のみならず、これから経済学を学んでみようと思い立ったすべての初学者にとって有用な経験となるでしょう。そして、経済学の全体イメージは、より高度な経済学のテキストを読む際の基礎体力になり、より自分の興味関心に絞り込まれた書籍を理解するための導きの糸となってくれるのです。

経済学部の新入生、経済学部を志す高校生、そして経済学に初めて触れるすべての人にとって、手軽に読めて、なんとなく経済学の魅力を伝えられる本。そんな存在を目指して本書は企画されています。

経済学ガイドブックで経済学の世界をなんとなく眺めてみましょう！

第1部　ミクロ経済学

経済学を学ぼうと思ったとき、第一に取り組むべき分野はミクロ経済学です。なぜならば経済学的な思考の型・考え方のクセ——「経済学の作法」がそのままの形であらわれるのがミクロ経済学だからです。経済学の論理は、「与えられた条件のなかでなんとか今までよりよい状態を目指す」という人間の行動を基礎に組み立てられています。「制約」に対して「合理的」に判断して「最適化」を行うというプロセスはすべての経済学の分野に通底しています。

この「経済学の作法」は多くの人の直観や経験則とは大きく異なることが多いでしょう。実際、本書で紹介するミクロ経済学の結論をそのまま適用すればうまくいく……というほど世の中は簡単ではありません。しかし、それでもなおミクロ経済学の基礎理論に代表される「経済学の作法」には学ぶべき大きな意義があります。なぜならば、合理的な人間が一定の制約条件の下で満足度などを最大化するように行動しているという仮定にもとづいて得た結論は、より現実的な設定での課題を考えるための出発点になるからです。各章のなかで登場する教科書的な議論と自身がいま直面している問題ではどこが違うのか、その違いは結論にどのような影響を及ぼすか。思考の出発点として経済学は非常に高い実用性を兼ね備えています。

また、第2部のマクロ経済学を理解するうえでも、ミクロ経済学の基礎知識は大いに有用です。本書で取り扱う範囲のマクロ経済学は、個人や企業の行動についてミクロ経済学ほどにはこみ入った分析を加えていません。しかし、企業・個人といったミクロの集合体が一国経済というマクロの経済状況である以上、マクロ経済学の仮説もミクロ経済学と矛盾するものではあり得ないのです。

以下、第1章ではミクロ経済学のなかでももっとも理想的、または単純な設定のもとで、市場経済は放っておけばうまくいくことを証明します。これがすべての経済学の出発点です。しかし、現実の経済がそのような理想的環境にあるとは限りません。第2章では放っておくだけではうまくいかない状況での経済について考えることで、政治・政策がどのようにして経済を改善していけるかを論じます。ここまでがかつての標準的なミクロ経済学のお話。しかし、近年の経済学はさらなる進歩を遂げています。そこで第3章では比較的最近発展した経済学の分野を紹介することで今後の興味・関心のきっかけを提供しようと思います。

第1章

競争市場の需要と供給——自由主義経済の効率性を証明する

ミクロ経済学を学ぶのは何のためでしょう？　ミクロ経済学の第一歩は「基本的には自由放任の市場経済が効率的だ」という仮説を理解することから始まります。あくまで「基本的には」ですが。

本章で説明する話は、初歩的な物理学の講義で「空気抵抗のない世界での物の動き」を教えるのと似ています。より複雑な状況を考える前に、「市場の働きを妨げる要因が何もない状態では経済はどのような状態に至るのか」を知っておくわけです。そして、「ある理想的（仮想的？）な条件の下では自由で競争的な市場が効率的な経済環境を達成する」という結論があることで、「市場が効率的でないなら、その理由は現実経済に理想環境とは異なる要因があるはずだ」ということがわかる。ここから、その「異なる要因」とは何かと分析を進めていくことができるのです。

市場のもつ自動的な効率達成の機能は、アダム・スミスに倣《なら》って「見えざる手」と呼ばれることがあります。各個人や各企業が自分の関心にしたがって好き勝手に行動する結果、まるで「見えざる手」が働いているかのように市場は効率的になるというわけです。

本書全体で、というよりも経済学において繰り返し登場する「市場《しじょう》」は特定の場所や組織を指すものではありません。「市場《しじょう》」はさまざまな人・企業・政府（これらをまとめて経済主体と呼んだりします）が取引を行う状況の総称であり、「卸売市場《しじょう》」や「黒門市《いち》場《ば》」とは異なる抽象的な概念です。

この市場には、大きく三つに分類できます。「競争市場」「不完全競争市場」「規制市場」です。

「競争市場」は、同一の、または似たような財やサービスが、数多くの供給事業主によって供給され、それを買う側も多数存在する市場です。教科書では完全競争市場と紹介されることが多くなっています。多数の売り手・買い手が存在することで、一社だけ、一人だけでは価格をコントロールできない、そして財の品質について売り手買い手がともに十分に把握している市場を指すと考えてください。ミクロ経済学の入門講義で主役となるのは、この「競争市場」です。

「不完全競争市場」は、つくり手や買い手が一社しかいない、またはごく少数しかいない場合、またはつくり手によって商品に独自性や特色が強い財などが取引されている市場がこれにあたります。詳しくは、第2章で説明しますが、不完全競争市場では個々の売り手・買い手の行動が市場全体を左右することになります。

「規制市場」では、価格と生産計画のいずれか、または両方が政府によって管理されている経済です。かつての社会主義計画経済や配給制度のようなシステムを考えてください。このような取引のシステムを「市場」と呼ぶのか否かにも議論があるかもしれませんね。規制市場は、純粋な経済理論によって取り扱える対象ではありません。より多様な要因に考慮した政治経済学的な分析が必要になります。そのため、あくまで経済学の第一歩を知るために書かれているこの本では対象としません。

1　需要曲線と供給曲線——サンマが安くなったとき、何が起きている?

図 1-1　需要曲線と供給曲線

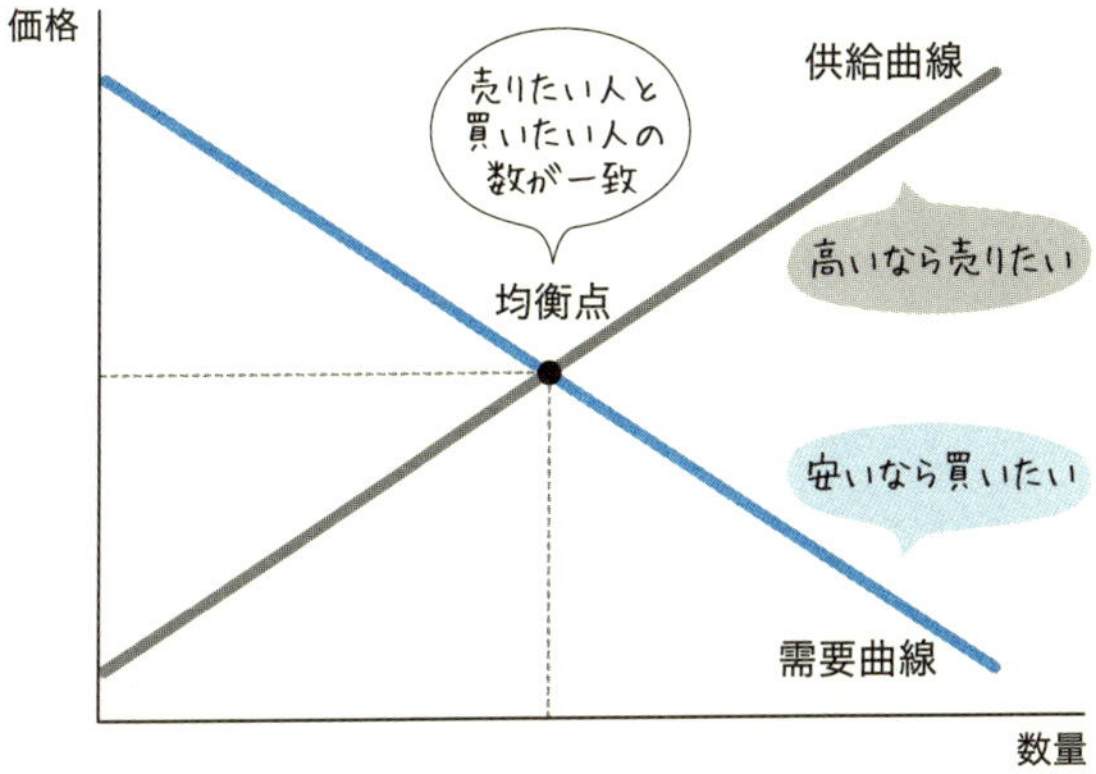

経済学と聞いて、多くの人が最初に思い浮かべるのは、需要曲線と供給曲線かもしれません。ここでは競争市場——売り手と買い手が多数存在し、似たような財を十分な情報の下で取引している状況での需給分析を考えます。縦軸に価格（値段）、横軸に取引される数量をとった平面において、供給曲線は右上がりの線、需要曲線は右下がりの線として描かれます。

まずは、供給曲線から見ていきましょう。供給曲線は典型的には右上がりの曲線となります（図1－1）。価格が100円の時には10個供給がある。200円のときには200個供給があるという関係です。たとえば、土地の売買を考えてみてください。土地の値段が低いならば、売ってもいい人はそれほど多くないでしょう。一方、土地の値段が高い場合には、より多い人数が土地を売ってもよいと考えます。このように価格が上がると供給したい人が増える、低い価格では供給しようとする人は少ない。この関係をあらわしたものが右上がりの供給曲線です。

一方、図1-1の需要曲線は右下がりになっています。土地の値段が高いならば、買ってもいい人は少ないでしょう。一方で、土地の値段が安いのならば、それなりに買いたい人がいる。このように、価格が下がると需要が増える関係があることから、右下がりの需要曲線が描かれるというわけです。

†需要と供給の一致ポイント

需要曲線と供給曲線が交差する点では、その価格で売りたい人と、買いたい人の数が一致しています。この交点は、需要量と供給量(需給)が「均衡している」と表現されます。

一方、市場での価格(いわば「相場」)が均衡価格とは異なる場合には何がおきるでしょう。まずは市場価格が均衡価格よりも高い状況から説明します(図1-2a)。高く売れるわけですから、供給は多くなり、需要は少なくなります。このような供給超過状態では、売

図 1-2　均衡への市場調整

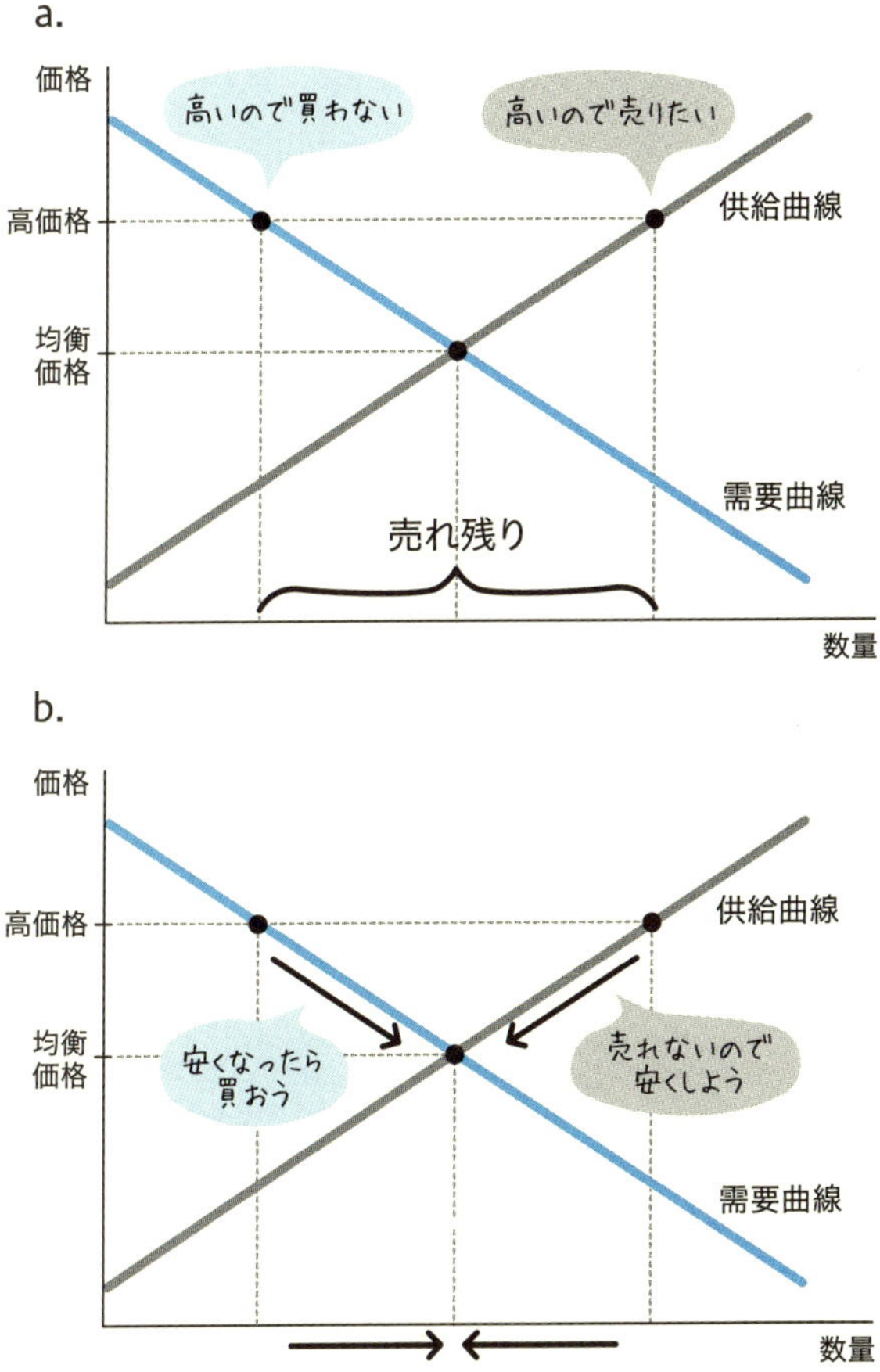

れ残りが発生します。すると売り手の一部は、値下げをしてでも買ってもらおうとするため、市場全体の相場は下がります（図1－2b）。売れ残りを避けるための行動を経て、均衡価格より高い価格は均衡価格へ向けて調整されることになるのです。

市場価格が均衡よりも低い場合にはこれと逆の調整がおこります。値段が低いと供給したい人は減りますが、安く買えるので需要は大きくなる。これが供給よりも需要が上回る超過需要状態です。市場価格を支払っても買えない人がいる状態ですから、高く払ってでも入手したいと思う人が出てくるでしょうし、買い手の足下を見て（?）高く売ろうという売り手も登場するでしょう。その結果市場全体の相場価格が競り上がり、均衡点に向かって変化していくのです。

だれが命令を下したわけでもなく、市場が均衡点に向かって調整される様が「見えざる手」のように見えるというわけですね。

なお、均衡点、つまりは市場価格が均衡価格と一致している状況ではこのような調整は生じません。市場均衡の価格より高く売ろうとしても、商品の品質について買い手は十分な知識をもっているならば、相場より高い価格では誰も買ってくれません。一方で、100円で買ってもらえる（売れ残りが出ない）ものを50円で売ろうという奇特な売り手も考えづらい。均衡価格と市場価格がずれているときには、市場価格が均衡価格に近づくような調整が行われ、両者が等しいときには売り手・買い手に価格を変えることはできない（または価格を変えるのは合理的ではない）のです。このような状況を均衡価格は安定的であると表現します。

あまりにも単純な需給分析ですが、このロジックだけでも、市場に生じている変化について整理して理解できるようになります。たとえば、あなたがスーパーに行って「今年はサンマが安いな」と思ったとしましょう。この場合、二つの可能性が考えられます。

①サンマが多く獲れているなど、サンマの供給が増えている。
②サンマの人気がなくなってきているなど、サンマの需要が減っている。

まずは①の場合。天候等の理由でサンマがたくさん獲れているとき、売り手は「今までと同じ値段ならば、もっとサンマを供給したい」と思うでしょう。その場合、供給曲線は右に動きます。価格は低下し、同時に均衡点での取引量が増加することになります。

②の場合はどうでしょう。サンマの人気がなくなるということは、多くの人が「同じ値

段のままなら（これまでよりも）サンマを買わなくなる」ということです。このとき、サンマ需要曲線は左側に動きます。その結果、価格と取引量はともに低下するということになるわけです。

サンマの値段が上がった場合はどうでしょうか。天候不順などサンマの供給量が少なかった場合、供給曲線は左に動くので、価格は上がり取引量は下がります。一方、需要が増加した場合、需要曲線は右側に動き、価格上昇と取引の上昇が同時に発生します。

このように、需要曲線と供給曲線のしくみを理解すると、「サンマが安くなった」とき、何が起こっているのか推測することができます。サンマの価格と取引量が逆の動きをしている場合は供給側に理由が、サンマの価格と取引量が同方向に変化した場合は需要側に理由があるのです。メディアなどでは価格変化の理由を供給側に求める記事・番組が目立ちますが、世の中で何が起きているかは価格と取引量双方の動きを見る必要があるのです。

†価格を決める限界○○

なかなかに便利そうな、需要曲線と供給曲線ですが、この両曲線をもう少し細かくみていくと、本章のテーマである「市場経済の効率性」に近づくことができます。

需要曲線、供給曲線の形状を決める要因は「限界○○」です。この「限界」という考え方は経済学で多用されるので、しっかりと理解しておいてください。

「限界」といっても「ギリギリの状態」というわけではありません。例えば、追加的に1杯ビールを飲んだら満足度はどのくらい変化するか、今までより1杯多くラーメンをつくるために追加的に必要になる材料費はいくらか——という追加的な行動に対して追加的に変化するモノ・コト・カネを「限界○○」と表現するのです。

このように説明すると、「限界」なんてもったいつけた言葉を使わずに「追加満足度」「追加費用」でいいじゃないかと思われるかもしれませんが、経済学者界隈のルールということでご寛恕ください。ちなみに、このような「追加」の概念を数学的に取り扱う際には微分・積分の知識が非常に便利（計算が楽になる）なため、経済学では数学が多用されるようになりました。では、この「限界」から何がわかるのでしょうか。

供給曲線はある値段において、「供給したいと思う人が何人いるのか？」「各社はいくつつくりたいのか？」をあらわしています。ここで重要になるのは、供給のためのコスト・費用です。では、費用はどのように決まるのでしょうか。「イーダ自動車」を例に考えてみましょう。

100台の自動車をつくる場合と、200台の自動車をつくる場合、200台の自動車をつくるほうが、費用の総額（総費用）が多くなるのは当たり前です。一方で、生産を少しだけ増やしたときに増加する費用が「限界費用」です。まったく自動車を生産していない状態から、たった1台の自動車生産するためにはいくらかかるでしょう。自動車工場を建てたり、生産ラインをそろえたりするには大きな費用がかかります。0台から1台に生産量を増やすために必要な追加的な費用は莫大に、たとえば1億円になるとしましょう。このとき、1台目の自動車の限界費用は1億円です。

一方で、2台目を生産するときには、すでに工場やその他の設備は整っている状態です。追加的に必要になる費用は1億円よりもずっと安く済むことでしょう。自動車を2台生産するときには合計で1億1000万円の費用がかかるというとき、生産量を1台から2台に増やすための追加的な費用、つまりは限界費用は1000万円となります。3台目には原材料の調達も容易になりますし、自動車製造の作業にも多少は慣れてくるでしょうからこの限界費用は500万円になるかもしれません。

このように、工場の立ち上げから生産を徐々に増大させていくにつれて、プラス1台つくるためのコストは下がっていきます。この状態を「規模の経済が働く」、または「費用

図 1-3　総費用関数と限界費用

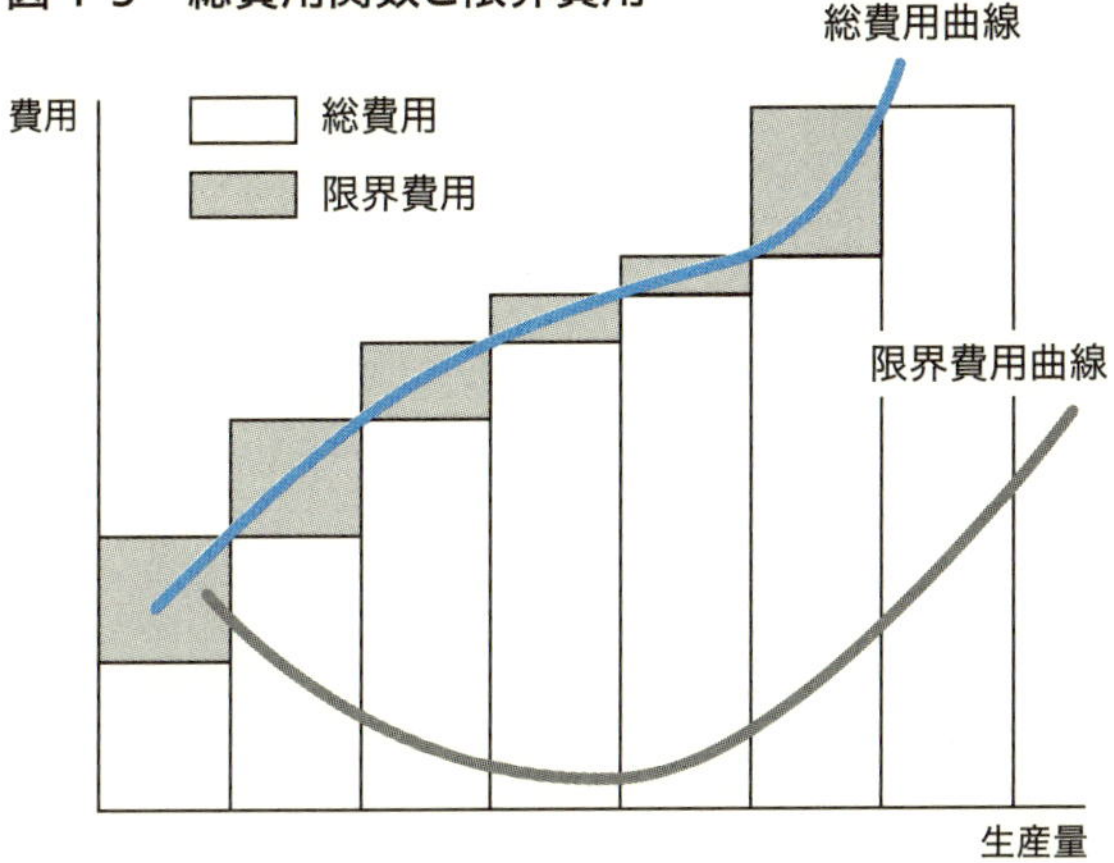

が逓減する」と言います。「逓」という字は「だんだんと」という意味です。

しかし、このまま永遠に限界費用が低下していくわけではありません。自動車の生産量をどんどん増やしていくと、いずれ限界費用の逓減が生じなくなってきます。新しい工場を建てたり、新しい工員を雇うといった必要が生じると、これまでよりも高コストでしか生産できなくなる。その結果、一定の生産量以上では追加で生産するためのコスト――限界費用は増加していくことになります。

生産量と総費用の関係をグラフで書くと、図1-3のようなS字のカーブになります。この総費用曲線において、「生産量を1増やすと追加で必要になる費用」が限界費用です。

つまりは限界費用とは総費用曲線の傾きなのです。数学が不得手な人は棒グラフを使って、生産量が小さいうちはつくればつくるほど費用の増加幅、つまりは限界費用は小さくなっていきますが、一定以上の生産高になると費用の増加幅が大きくなっていくことを確認してください。

このような状況で、イーダ自動車の社長は、

・あと1個をつくるのにかかる費用（限界費用）
・それを売って得られる収入（市場価格）

を比べて増産をするかどうかを判断します。追加的にかかるコストよりもそれを売って得られる収入が高い場合——これまで登場した経済学用語で言い換えると、限界費用よりも市場価格が高い場合には追加の生産を行うことが合理的です。

価格が限界費用より高い場合は増産し、限界費用の方が高い場合にはそれ以上つくらないわけですから、生産量は価格と限界費用が等しくなるところに決まることになります。ということは、限界費用曲線（の右上がりの部分）は供給曲線そのものだといえるでしょ

う。このようにイーダ自動車の限界費用曲線が、イーダ自動車の供給曲線になります。そしてすべての自動車会社の供給曲線を集計したもの――ある価格での各社の生産量を足し合わせたものが市場全体の供給曲線となるのです。

需要曲線についても同様に「限界」の概念を使って導くことができます。ただし、需要曲線の導出に用いるのは「限界効用」です。ある人がビールを何杯飲むのかを考えてみましょう。1杯目のビールは非常においしくて高い満足度をもたらすでしょう。この満足度のことを経済学では「効用」とあらわします。さて、2杯目のビールは1杯目ほどおいしく感じません。追加で得られる満足度は少なくなるでしょう。3杯目、4杯目、と増やしていくと、効用はどんどん下がっていく。この追加1杯ごとの増加分の効用を「限界効用」と呼びます。多くの財で限界効用はだんだんと下がっていく、つまりは逓減していくと考えられます。

ここでビール1杯が300円だとしましょう。このとき1杯目のビールから感じる効用が500円相当ならば、失うお金以上の効用を得られるわけですから、ビールを注文するということになる。そして2杯目から得られる効用が400円相当なら2杯目のビールも注文することになります。3杯目から得られる追加的効用が300円相当だったなら……

ぎりぎり注文しそうです。しかし4杯目から得られる追加的効用が200円だともうこれ以上は注文しない。このように次第に下がっていく限界効用と価格が等しくなるところまで人々は消費を行うということから、右下がりの需要曲線が描かれます。

市場全体の需要曲線はこのような個人の需要曲線を集計して求められます。ビールが300円の時、Aさんは2杯、Bさんは4杯、Cさんは……という需要を足し併せて市場全体の需要曲線が描かれるのです。このような集計化のアイデアは非常に重要です。飲めば飲むほどビールから得られる効用が永遠に高まっていくという人もいるかもしれない……しかし、そのような人はまれでしょう。市場全体の集計された需要曲線を考えることで、個々人のイレギュラーな好みが打ち消しあって、多くの財で右下がりの市場需要曲線が導かれることになります。

2 経済厚生を測る——みんなの「ウレシサ」の合計は?

供給曲線と需要曲線を「限界」という概念を使って読み直したことで、「市場の効率性」を測る一つの方法が導かれます。

供給曲線は限界費用線（の右上がり部分）です。この限界費用は企業にとってどのような意味をもつ数値なのでしょう。企業は最低でも限界費用と同じ収入が得られないならば商品をつくりません（または売りません）。その意味で、限界費用曲線＝供給曲線は、ある商品を売るときに「最低いくらなら売ってもよいか」をあらわしていると言えます。

†お得感をあらわす○○余剰

ここから市場で行われた取引によって、供給側が得る「ウレシサ」を測ることができます。40万円で売れるならば売ってもよい（つくってもよい）ものが70万円で売れたならば、30万円分の「お得感＝経済的なウレシサ」が生じていると考えるのです。

需要側も同様に考えてみましょう。お弁当を食べて得られる限界効用が500円相当ということは、500円までならそのお弁当に払ってもよいということです。ここから、需要曲線とは買い手が「最大いくらまでなら払ってもよいか」をあらわしていることがわかります。そして、500円（までなら）払ってもよいと考えていたものを300円で買うことができたならば200円分の「お得感＝経済的なウレシサ」が生じていると考えられ

図1-4　消費者余剰と生産者余剰

a. 消費者余剰

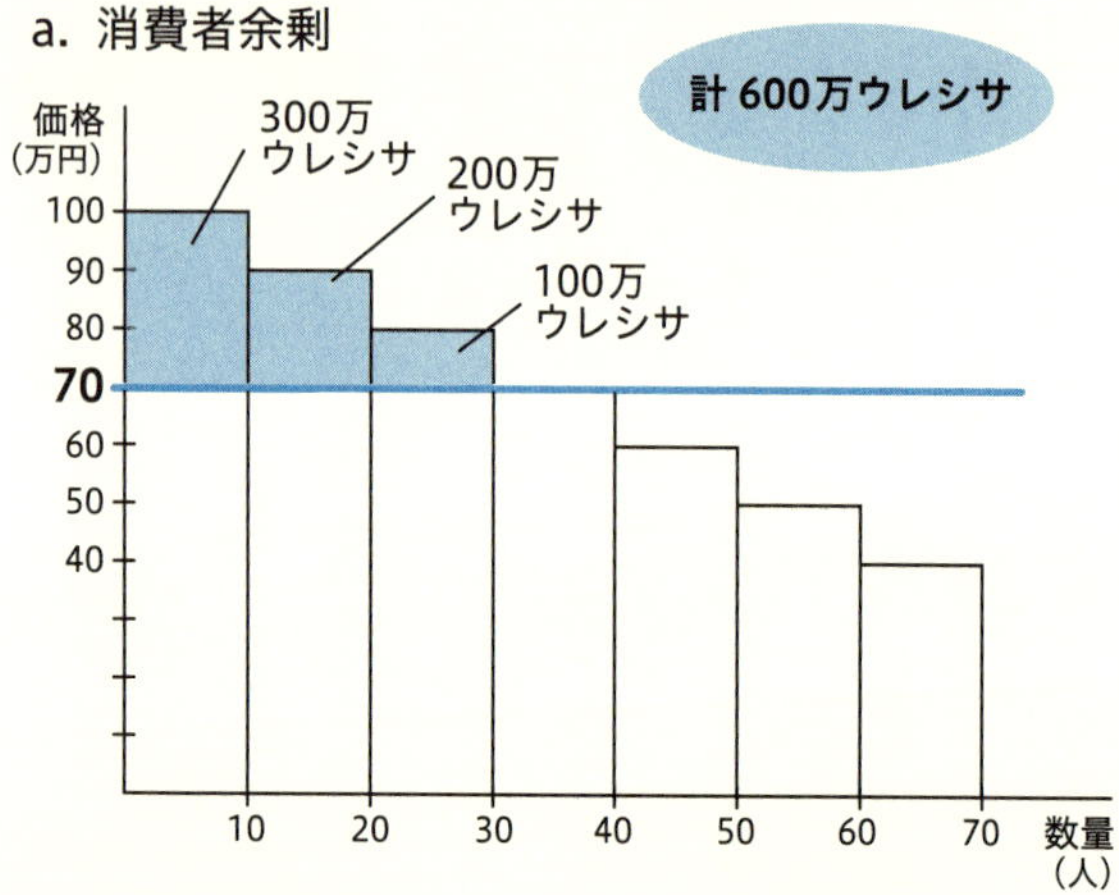

b. 生産者余剰

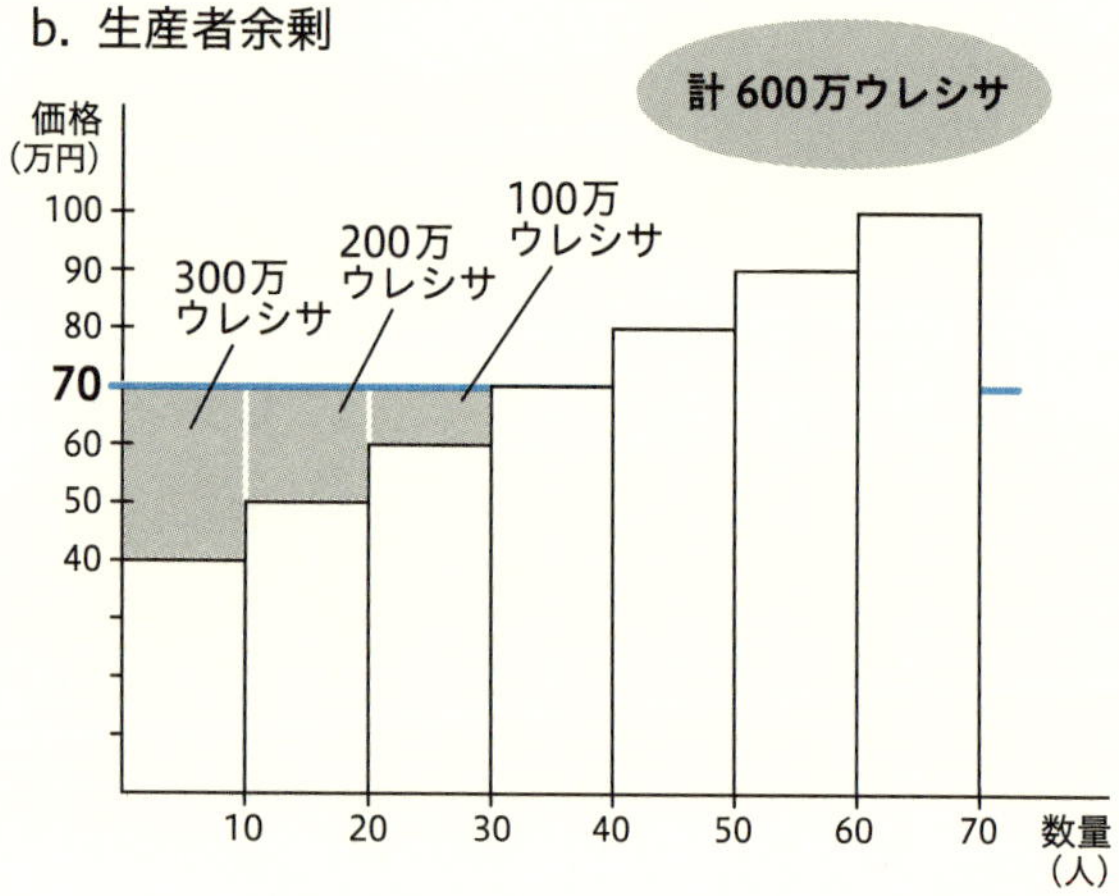

ます。

次に、供給側・需要側の経済的なウレシサを図示してみましょう。この図1-4aの需要曲線（曲線ではありませんが）では、自動車が100万円だったとき、10人の人が買おうと考えています。90万円だったらさらに10人が買いたいと考えていて、80万円なら10人……と増えていきます。このとき、日本の自動車市場での相場が70万円だったなら、購入する人は40人（同じことですが40台）となります。

このとき、100万円を払ってもよいと考えていた10人には、100万円払ってもよいのに70万円で買えた……という意味で30万円分のウレシサが発生します。30万円のウレシサを感じる人が10人ですから合計で300万円分のウレシサですね。次に、90万円だったら買ってもよいと考えていた10人は20万円分得したと考えるので、200万円の「ウレシサ」を得ます。80万円で買ってもよいという人、70万円でならば買うという人のウレシサを合計していくと、70万円で自動車が40台取引されている状態では需要側に合計600万円分の経済的なウレシサが生じていることがわかります。このような需要側のウレシサの合計が消費者余剰です。

供給側についても同様です。40万円でなら10台売ってもよいと考えていた企業は、自動車が70万円で売れると合計300万円分の、60万円で10台売ってもよいと考えていた企業は200万円分の「ウレシサ」を得ることになるでしょう。これを足し上げると、合計で600万円分のウレシサが発生しています。このとき、売り手側に発生した「ウレシサ」の合計を生産者余剰と呼びます。

需要曲線と価格で囲まれる部分が消費者余剰、供給曲線と価格で囲まれる部分が生産者余剰です。これは図1-4の棒グラフ刻みを細かくしていっても変わりません。すると、消費者余剰・生産者余剰を合わせた総余剰は需要曲線と供給曲線に囲まれた図1-5の三角形部分になります。

総余剰は売り手のウレシサ（生産者余剰）と買い手のウレシサ（消費者余剰）の合計ですから、経済全体がうまくいっている度合い（＝経済厚生）をあらわす有力な指標のひとつですね。

そして、この総余剰は市場均衡点で最大となります。たとえば、規制などによって均衡よりも高い値段の80万円に設定したとしましょう。この場合、生産者余剰は増えるかもしれませんが、高くなったうえに、購入量も減るため、消費者余剰はそれ以上に減ります。均衡より値段が低くても同様です。消費者余剰は増えますが、生産者余剰はそれ以上に減

図 1-5　消費者余剰と生産者余剰

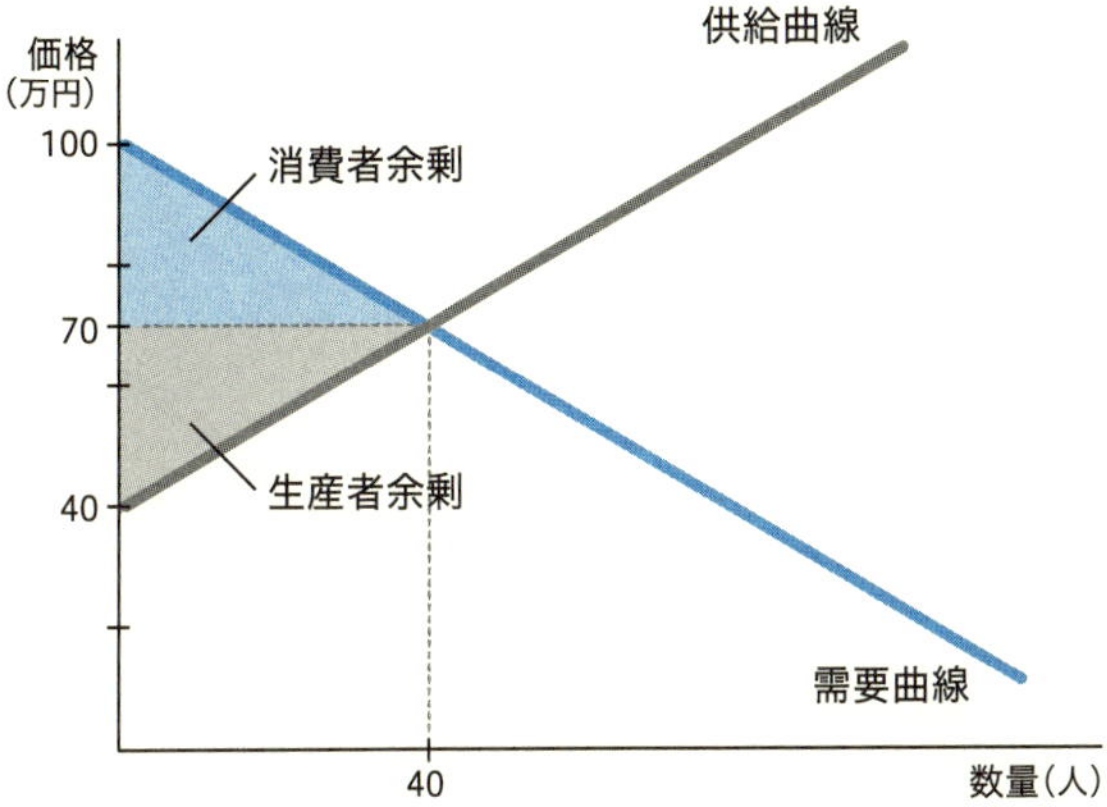

るため、合計の余剰は均衡点に及びません。均衡価格よりも低い価格では供給が減るため、生産者余剰は大幅に低下することになるのです。税金や補助金を用いても、市場均衡を超える余剰を生み出すことはできません。

　ここから、競争的な経済環境は（総余剰最大化という意味で）経済厚生を最大化する——つまりは市場経済は効率的であるという結論が導かれるのです。

†「ウレシサ」は金額で測れるのか

　市場がうまくいっているかを余剰であらわすというアイデアに抵抗があるという人もいるかもしれません。それは非常にセンスの良い問いです。

余剰は限界効用・限界費用と価格の差を足し上げて計算されますが、この限界効用という考え方がくせ者です。ビールを飲むときにいちいち「300円分満足!」だなんて誰も思わないでしょう。人々の満足度が金額などの数値によってあらわすことができ、それを足したり引いたりすることができるという考え方を「基数的効用」といいます。基数的効用は計算が非常に簡単になるので(経済学者としては)ありがたい一方で、本当にそのような取り扱いが妥当なのかという疑問への答えはありません。

そのため、「そもそも自由な市場とは効率的なモノなのか」といった(ある意味哲学的で)大きな結論を導く際には、基数的ではない(足したり引いたりできない)効用の考え方を用います。「より厳しい条件でも同じ(ような)結論になる」ことを示して信頼度を高めるわけです。このような際に用いられているのは「序数的効用」の考え方です。

序数的効用では得られる満足を数値ではあらわしません。私たちの心の中にあるのは、リンゴ1個よりミカン1個が好き、ワイン1杯よりビール2杯が好きといった「どちらかが好ましいのか?」という優劣の比較のみであり、その好みを数字のように取り扱うことはできないとします。そのため、序数的効用にしたがって「リンゴ2個とミカン3個で同じ満足が得られる」といっても、「リンゴ20個とミカン30個が同じくらい望ましい」とは限らないというわけです（たとえば量が多いときは保存が利くリンゴのほうが望ましいかもしれません）。

序数的な効用概念を用いても市場経済の効率性を示すことができることから、「自由で競争的な市場は効率的な経済環境を達成する」という結論への信頼度を高めることができるのです。

序数的な効用を用いて市場経済の効率性を示す際には「パレート基準」と呼ばれる概念を用います。ほかの誰の満足度も下げることもなく、山田君だけの満足度が上がる、このような変化を「パレート改善」と呼びます。そして、これ以上パレート改善ができない状態が「パレート最適」です。そして、誰かの満足度を上げるために誰かの満足度を下げなければいけないというパレート最適な状態ならば経済は効率的だと考えるわけです。

3　費用と公平性――経済学の作法に慣れる

はじめてふれる経済学的な議論の進め方はいかがだったでしょうか？　出てくる単語から考え方のパターンまで、日常の用語法・思考法とあまりにも異なることに戸惑ったという方もあるかもしれません。ここでは、次章以降を読み進める準備として、本章では登場しなかった「いかにも経済学っぽい」論点についても紹介しておきたいと思います。

†経済学的な費用とは何か

経済学の基本は費用と便益の比較です。その重要な要素である費用・コストとはいったい何なのでしょう？　ここまでは、日常の用語法と同様に費用＝金銭的な負担である例のみを使って説明を進めてきました。しかし、コストは金銭的なものだけとは限りません。経済学では金銭以外のものも含めて「費用」と考えます。たとえば、心理的な負担もそのひとつです。そして経済学には、日常会話では費用とみなされないもうひとつの費用概念があります。それが「機会費用」です。

たとえば、あなたが無料のパーティに誘われたとしましょう。無料だから当然費用は0円……ではありません。パーティにいかないのであれば、その分アルバイトをしてお金を稼げたかもしれない。家でゆっくり休んで体力回復できたかもしれません。経済学では、実際のお金のやり取りのコストだけではなく、その行為を選ぶことで、陰で犠牲になったモノ・コト・カネを含めた負担を機会費用と呼びます。機会費用は、経済学のなかでもっとも重要視される概念です。

機会費用の概念はリカードの「比較優位説」にはじまります。例えば、夫婦そろって弁護士でもあり、公認会計士でもあるA子とB男が二人で事務所を建てようとしたとしましょう。A子は一流の弁護士で、二流の会計士、B男は三流の弁護士かつ三流の会計士です。この場合、A子とB男はどのように事務所を運営すればいいでしょうか。A子のほうがすべての能力で優っているからといってA子が弁護士の業務も会計士の業務も行って、B男は家で寝ているという選択肢は効率的ではありません。A子の時間は有限であり、A子が会計士業務を行うことは弁護士業務ができないという機会費用が伴います。A子は自身が相対的に得意とする弁護士の仕事に集中し、その一方でB男は会計士の業務をやるといった分担を行うほうが効率的でしょう。

比較優位説は国際貿易の説明として編み出された考え方です。絶対的な技術水準ではなく、ある活動のために必要な機会費用の大小を比べて、より小さな機会費用でできる活動に資源を集中させることで経済厚生を向上させられるというのが比較優位の考え方です。その結果、すべての財の生産性に優れている国も、劣った国と貿易することで、お互いに得をすることができる。どんな人にも、必ずその人にとって優位な経済活動があるはず。誰もが相対的には得意な活動、比較優位な活動がある。これは人生訓としても重要なことかもしれません。

†効率性と公平性は両立するのか？

ここまで、市場経済の結果が効率的な経済環境をもたらすことを示してきました。しかし「効率的」であることが必ずしも「公平」であるとは限りません。果たして、市場経済は公平なのでしょうか。

経済学者のなかには、効率的ならば公平だと考える人もいます。もう一度市場の均衡点に注目しましょう。価格変化を通じて達成される需要曲線と供給曲線の交点では、「その価格で売りたい人は全員販売することができ、その価格で買いたい人は全員買うことができる」状態になっています。

例えば、ある街の家賃が規制によって均衡より安い水準に決定されていたとしましょう。家賃が安いので、アパートの需要は多く、供給は少ない。このとき借りたい人はたくさんいるわけですから、大家は住居者を好みによって選別するかもしれません。そこに人種差別や年齢、性別の差別が介在する可能性は高いでしょう。売りたい人は売れる、買いたい人は買えるという市場の均衡はこのような不公平な選別を生じさせないという意味で公平であると考えるわけです。

もちろん、効率性と公平性は別物だと考える人もいます。例えば、余剰について、大金持ちが30万円得したのと、貧乏な人が30万円得したのを同じ「30万円分のウレシサ」として合計するので抵抗感がある人もいるでしょう。またパレート基準においては独裁者が一人ですべての富を独占している状況はパレート最適であるということになります（富を独占する独裁者の取り分を減らさずに他の人の所得を減らすことができないため）。これはいくらなんでも不公平でしょう。

このように、公平性を無視して効率性だけを探求する経済学は、非常に不公平で、お金持ち重視の学問だと思われる人もいるかもしれません。

しかし、これはあまりに単純な考え方です。豊かな人からお金を徴収し、貧しい人に分配することが効率を向上させることがあります。例えば、非常に不公平な財の分配が行われているせいで、犯罪や暴動が発生するよりも、ある程度平等な分配が行われて安定的な社会が築かれていたほうが、富裕層、貧困層ともに豊かになることもありえるのです。また、お金持ちだけではなく、多くの人が教育の機会を十分に得られたほうが、技術進歩にとってプラスに働くことになります。

仮に、豊かな人から貧しい人への分配が経済効率を低下させるにしても、もっとも効率的な状態がどういう状態か知り、それからどのくらい効率を低下させれば平等が達成できるのか。「平等のコスト」を知るためにも、最適な経済環境がどういう状況なのか考える意味があるのです。

第2章

独占と市場の失敗——経済政策が必要な場所を見つけよう

第1章では、自由で競争的な取引環境（完全競争市場）のもとで、市場経済が最適な経済状態を達成することを解説しました。公平性をめぐる議論はさておき、効率の観点からは自由で競争的な経済は非常に望ましい性質をもっている——これが経済学的な思考の出発点となります。しかし、自由放任で万事ＯＫ！　経済学の仕事はこれにて終了……とはなりません。

現実の経済では「自由で競争的な取引環境」が成立していないかもしれない。政府の規制はさまざまな分野に残っていますし、企業は競争を回避しようとさまざまな工夫をこらします。このような現実は、「完全競争市場」ならば「最適な経済状態になる」というストーリーの前提を打ち壊してしまうのです。

このような状況で考えられる政策提言のひとつが、「自由で競争的な市場が成立していないならば、それが成立するように制度・規制を改革する」というものです。しかし、自由な取引環境に任せていたら自然と効率的な経済環境が生まれるとも限らないのです。本章では、十分に競争が行われていないことの問題点と、競争的な市場であっても、うまくいかないことがある「市場の失敗」について扱います。

1 不完全競争――独占は解決すべき問題か

需要曲線と供給曲線によって均衡価格が達成されるのは、需要と供給のバランスに応じて価格が変化するからです。ここで、「実際の価格は企業がつけているのでは?」と不思議に思った人もいるでしょう。

値段を実際につけるのは企業ですが、類似のものを多くの生産者がつくる競争市場では、世間一般の相場より高い金額をつけても買ってくれる人はいません。その一方で、自社が値段を下げられる状態であれば、他社も値段を下げて対抗することが可能でしょう。そのため、わざわざ値下げをしてまで利益を減らしても、新たなお客さんが得られるとは限りません。価格が勝手に動くようなモデルが用いられるのは、「事実上自分で価格を決められないに等しい」という状況を単純化していると理解してください。このような状況を経済学では（生産者・消費者が）「プライステイカー」であると表現します。

†プライステイカーからプライスメイカーへ

しかし、世間の相場を気にすることなく、自社の判断で値段をつけることができるケースも存在します。自社が価格を支配する力をもっている場合、その企業はプライスメイカーであると呼ばれます。そのもっとも典型的な例が「独占」です。

ある産業において供給側が1社のみの場合、その企業は需要曲線の上で利潤が最大になる価格（と販売量の組み合わせ）を選択することができます。その価格は競争市場の均衡価格よりも高いものになるでしょう。値段が高くなると、商品が欲しい人は減るので、取引の総量は均衡よりも小さくなります。このように、独占企業が小さい取引量、高い価格をつけたとき、独占企業の利潤は最大化される一方で、消費者余剰はきわめて小さくなります。その結果、総余剰は競争価格よりも小さくなってしまうのです。

図 2-1　独占と余剰

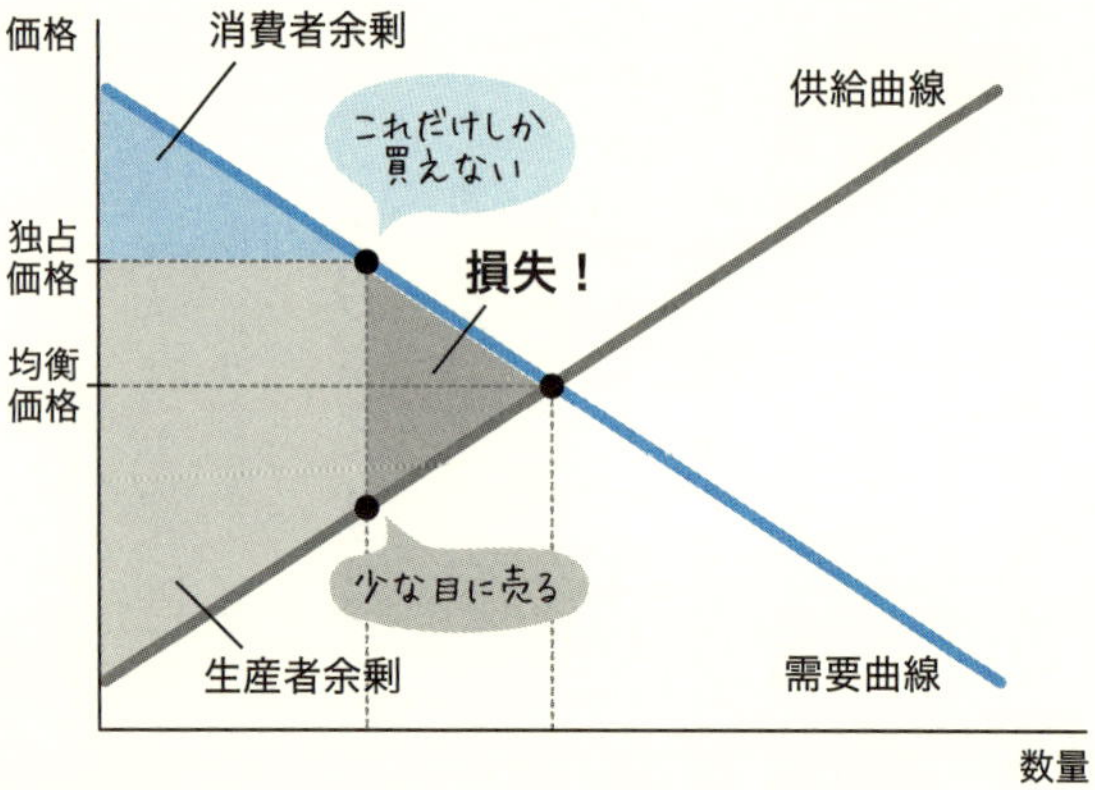

　また、企業が数社しかいない寡占の場合にも同様の価格の吊り上げ、または売り惜しみによる余剰の損失が起こるでしょう。寡占市場の分析においては「ゲーム理論」が力を発揮します（詳しくは第3章をご覧ください）。独占や寡占といった、個々の企業が市場全体の価格相場を左右できる、つまりは企業がプライステイカーではない状況を「不完全競争」と呼びます。

　不完全競争状態は余剰を最大化しないという意味で経済の効率性を妨げます。では、それに対して社会はどのように対応すればいいのでしょうか？　政府の規制――例えば「塩は専売公社しか販売してはいけない」といった理由によって生じている独占ならば話は簡単です。規制緩和によって独占状態を崩して競争市場に近づけてやればよいという結論になります。しかし、不完全競争は規制がなくても現実経済のさまざまなところで観察されています。規制によらない不完全競争にはどう対処すべきでしょうか。伝統的な産業組織論の分野では二つの対立的な考え方が存在します。

†独占の弊害と独占の利益

第一は、規制によらずに成立した独占はそれほど深刻な問題ではなく、人為的に独占状態を解消しようとする政府の介入の方がむしろ市場の効率性を低下させると考える人たちです。このようなグループはかつて、（産業組織論における）シカゴ学派と呼ばれていました。

確かに独占企業は非常に大きな利潤を得ることができます。しかし、そのような利益の出る産業には、新規の参入が発生するでしょう。たとえば、1970年代初頭の日本でハンバーガーを供給していた会社は、事実上1社しかありませんでした。その結果、某チェーンの銀座本店は若者に大人気となり、大きな売上を得ました。まさに独占状態です。しかし、そのような儲かる商売を他社が見逃すわけがありません。次々と類似のチェーン店が誕生します。独占は短期的には存在できても、中長期的には解消されるのです。つまり、ある時点で特定の商品が独占状態になっていても、規制がなく自由に新規参入できる状態であればいずれ独占は解消されると考えられます。

その一方で、独占は政策的に対応すべき深刻な問題だと考えるのがハーバード大学を中心とした研究グループの見解です。商品が特許や著作権に守られているときには、独占が自然に解消に向かうことはないでしょう。さらに、ある市場が独占状態になっていると、それ自体が新規参入を困難にする大きな理由になることもあります。例えば、あるワープロソフトが開発され、多くの人がそのソフトを使うようになっているというケースを考えてみてください。みんなが使っているわけですから、これから新たにパソコンを買った人も、そのソフトをインストールするのが合理的になります。

このようにして、「ほとんどの人がM社のワープロソフトを使っている」状態では、ある消費者一人だけが別のソフトを買うことは合理的ではありません。すると、M社が新しいバージョンにかなりの高値をつけたとしても、消費者はそのソフトを買うしかなくなってしまうのです。このようにいったん成立してしまった独占状態を解消するためには、一定以上のシェアを占有している超巨大企業を地域ごとに分社化したり、一部のセクションを別会社にする必要があると主張されます。

しかし、このような見解についてシカゴ学派はさらなる反論を展開します。先ほどの例のM社はワープロソフトを開発するために、大量の研究開発費を費やしたことでしょう。その成果を回収する段階で独占を禁じられてしまうことがわかっていたら、研究開発にお金をかける企業はいなくなってしまう。独占の儲けがあるからこそ研究開発投資が行われると考えると、規制によらない独占を過度に制限すると、新しいイノベーションを阻害する結果となりかねないのです。

独占は規制すべき対象か、それとも一過性の問題やイノベーションのための必要悪(?)かというテーマについては、今もなお現実経済のなかで大きな議論の的になっています。シカゴ学派的な考え方とハーバード学派的な考え方――今議論をしている独占市場に対していずれが妥当するかは、商品のイノベーションの性質に依存します。大規模な投資なしには進歩が望めない分野についてはシカゴ学派が、技術進歩やイノベーションがそれほど頻繁ではない成熟した分野についてはハーバード学派的な対応策が妥当すると考えられます。

2　経済学と経営学――接点としての不完全競争

唐突ですが、経済学と経営学の違いを考えたことはありますか？　不完全競争はさまざまな市場にあてはまるため、経済学のみならず経営学においても注目されることの多い市場環境です。

「目的」から考える経済学と経営学

経営学は個々の企業の実例をたくさん学ぶ学問、経済学はよくわからない数式がたくさん出てくる学問という印象があるかもしれません。また、経営学は実践的で、経済学は理論的（または役に立たない）と思われている方も少なくないかと思います。しかし、現在研究に用いられる手法（第3部の計量経済学の活用）や思考法について、経済学も経営学もかなり似通ってきています。

違いはその「目的」にあるのです。独占を例に取ると、経済学では「独占はなくすべき対象」、経営学では「独占は目指すべき目標」です。

経済学は、総余剰やパレート基準といった方法、または本書の第2部で登場する一人当たりGDPの向上といった方法を通じて、社会全体の経済的な豊かさを最大化することを目指しています。したがって、自由化、規制緩和、激しい企業間競争を促すことで独占的な市場を競争的な市場に誘導しようというのが経済学者の基本論調になりがちです（もちろんそうでない議論もありますが）。

一方で、経営学の目的は企業の利潤の最大化や企業存続に必要な収益を長期的に獲得し続けられるような戦略を考えるところにあります。自由で競争的な市場ではぎりぎりの収益しか得られません。ぎりぎりの収益しか得られないビジネスにうまみは少なく、ちょっとしたショックで倒産してしまうかもしれない。だからこそ、企業はなんとかして競争から逃れる必要があるのです。

独占、独占に近い経営環境を獲得するためには何が必要か――ライバルが少ない商品や市場を探したり、他社がまねできない差別化された商品を開発するにはどうしたらよいか。その方法を考えること、それが経営学、そのなかでも経営戦略論の大きなテーマとなっています。

独占を防ぐ経済学と独占を目指す経営学ですが、両者は完全に対立的なモノであるとは限りません。企業が競争を避けようとして工夫を重ねることで、新たな商品が開発される。長期的には模倣によって利益が減るとしても、一時的な独占利益を享受するために、企業は新技術への投資を怠りません。そのようにして開発された新しい商品は、商品バラエティ——多種多様な商品が市場に供給されること——の供給を通じて、私たちの生活を向上させてくれるのです。

独占の現実的イメージ

不完全競争のもっとも極端な例、経済学の敵、経営学のあこがれが独占です。しかし、その現実は、前節で説明したものほど単純なものではありません。独占企業というと名前からしてとんでもない巨大企業を思いおこされるかもしれませんが、そのイメージは少々極端にすぎます。例えば、日本国内でほぼ1社独占状態になっている商品には輪ゴムやロジンバッグ（野球の投手が投球前にパタパタやってるアレです）などがあげられます。このように実際の独占や寡占のなかには中小企業によるものも多いのです。

大企業がプロジェクトを立てて参入してくるには予想利益が小さすぎる分野で独占・寡

占状態になっている産業はニッチ産業と呼ばれます。中小企業の経営ではこのようなニッチ市場を発見し、そこから身の丈に合った利益を上げることが重要な戦略となります。

さらに、大企業による独占でさえも「大もうけ」できるとは限りません。たとえば、東京から宮古島への直行便を運行している会社がＪＡＬだけだったとしましょう。そこで独占企業であるＪＡＬが利益を増やすために価格を上げるとどうなるでしょう。吊り上げられた価格よりも少しだけ安い値段でＡＮＡや別の航空会社が東京－宮古航路を就航させて客を奪いに来るでしょう。

参入障壁が低いと、形のうえでは独占であっても価格をコントロールできなくなります。潜在的な参入者の存在によって、独占企業であっても独占的利潤を得られない市場を「コンテスタブルマーケット」と呼びます。コンテスタブルマーケットでの価格は競争市場とほぼ同じですから、取引量も競争市場と同じ。価格も取引量も競争市場と同じなのですから市場は効率的になるというわけです。このようなコンテスタブルマーケットのような参入障壁の低い市場では継続的な利益を得ることは難しい――そのため、このような市場への参入は控えるべきだとする経営学者もいます。

最後に、見た目が独占（や不完全競争）にもかかわらず市場が効率的になり、そして企

図 2-2　完全価格差別

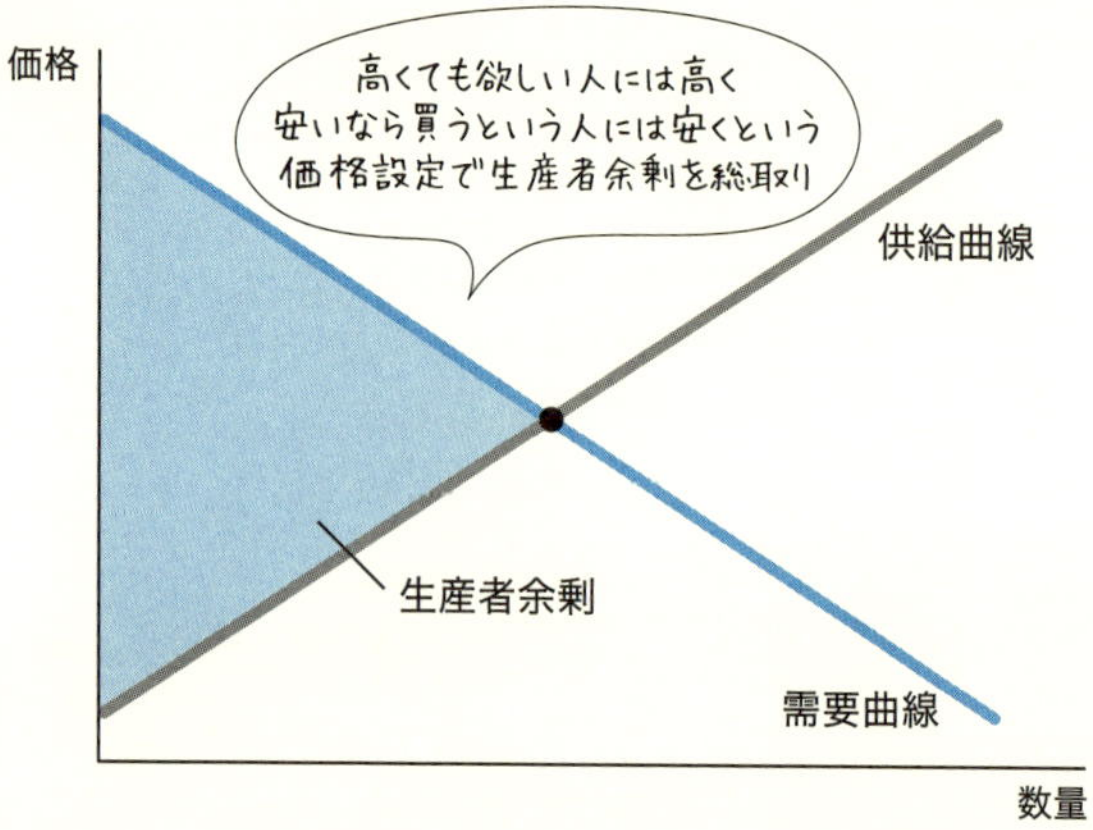
価格
高くても欲しい人には高く
安いなら買うという人には安くという
価格設定で生産者余剰を総取り
供給曲線
生産者余剰
需要曲線
数量

業の利益は独占価格のケースよりもさらに大きいというケースを紹介しましょう。経営者から見たらまさに天国ですね。

このような利益最大化のコツが客に応じて価格を変える「価格差別」です。たとえば、携帯電話の学生料金を考えてみてください。学生はお金がありませんし、値段を比較する時間的な余裕があります。このような価格に敏感な層には安い値段を適応します。一方で、忙しくて新しい機種を学ぶ機会費用が大きい社会人には、正規料金を適応します。このように「人をみて値を決める」という価格づけを完全に行うことができたならば、競争市場やコンテスタブルマーケットとはひと味違う効率的な経済状態が達成されるのです。

ここである商品の市場が独占状態にあり、独占市場は買い手の「払ってもよい最大の金額」を十分に把握しているとしましょう。このとき、需要曲線の左上の人（高い値段を払ってでもこの商品を欲しい人）には高い値段をつけ、右下側の消費者には安い値段で提供する——といった個別価格設定を行うことで、需要曲線と供給曲線で囲まれるすべての余剰を自社のものとすることができるのです。

もっとも完全な価格差別下では総余剰は最大になっているものの、その余剰はすべて独占企業のものという極端に不平等な状態です。まったく不公平ではあるが効率的ではある……ここに経済学における「効率性」という単語の特徴があらわれているといえるでしょう。

ここまで極端なケースではなくとも、標準料金を設定せず、その都度の交渉によって販売価格を決めようとする会社は少なくありません。また、とても把握できない量のプランやオプションを準備して価格体系を複雑化する企業もあります。これらは、「本来の値段」を見えにくくすることで価格差別を可能にし、それによって顧客が払える最大額を得るための工夫の一つなのです。

3　市場の失敗――自由で競争的だが効率的ではない

　独占的な市場は長期的には新規参入によって解消するかもしれません。また、政府の競争促進政策によって解消されるかもしれない。しかし、このような不完全競争の問題がなかったとしても、自由な取引活動が最適な市場環境を達成しないこともあります。不完全競争以外の理由で最適な経済環境にならないケースを「市場の失敗」と呼びます。

　市場の失敗のなかでも社会で頻繁に観察され、重大な効率性の低下を招き得るものが費用逓減産業、外部性問題、公共財問題、情報の非対称性、の四つです。本節ではこのうち、「費用逓減産業、外部性問題、公共財問題」について説明しましょう。情報の非対称性についでは第3章で扱います。

†費用逓減産業

　費用逓減産業では、自由で競争的な市場環境のもとであっても、時がたつにつれて自然に市場が独占的になってしまいます。つまり、どんな競争促進策を実施しても、しばらくすると独占企業にもどってしまうのです。自然と独占状態になってしまうことから、自然独占産業とも呼ばれます。典型的には電気、ガス、水道のような巨大な初期投資を必要とする産業が挙げられます。

例えば、電気事業を開始するには、発電所を建てたり、各家庭に届ける送電線網を整備したりと、非常に大きなコストがかかります。ある1社が全国的に送電線網を整備し、独占的な価格を値付けしていたとしましょう。ここで2社目が参入して値下げ競争状態になったなら——初期費用を回収できず両社ともに大赤字になるでしょう。最終的には2社のうち資金力のあるほうが残り、資産が少ないほうが倒産してしまうことになります。つまり、無理やり2社にしてみても、どちらか一方がつぶれることで、結果として独占状態に戻ってしまうのです。

自然に生まれた独占に対して、政府はどのような対応を取ることができるでしょうか。独占の問題は価格の吊り上げでした。ですので、価格規制を行うことによって、最適な経済環境を達成するというアイデアが最も単純な対処方法です。その企業が黒字にも赤字にもならないように、1単位あたりの平均的な費用を算出してその平均費用と価格が等しくなるように価格を規制する平均費用規制。または、限界費用と価格が等しくなるように価格を規制し、初期の固定費部分については損失補填をおこなう限界費用規制といった方式があります。

しかしながら現在、このような価格規制の役割は疑問視されています。というのも、電力会社や、ガス会社、水道会社が本当はどういうコスト構造を持っているのか、企業の外から正確に算出することは至難の業です。むしろ価格規制をする当局と自然独占企業の間で癒着と談合が行われることで、非効率的な経営が行われる懸念もあります。そこで現在は、自然独占産業の業務を分割することによって、規制、監視、監督をする領域を最小限に抑える対処法がとられます。

たとえば、電力事業において、莫大な初期費用がかかっているのは送電線網の整備です。現代の大企業にとっては（原子力発電を除く）発電所の設置は不可能なほどの莫大な初期投資……ではなくなってきています。小型のガスタービンや再生可能エネルギーならばなおさらです。そこで、発電部門に関しては自由な競争にまかせ、送電線部分に別会社をつくることによって、規制と管理監督の対象にする。このように政府が直接的に管理する部門を最小化したほうが、結果として効率は向上するといった議論が多くなっています。

ここまで説明してきたような独占、または自然独占の問題がなくても、市場が効率的にならないケースは存在します。その第一の例が外部性です。外部性とは「ある人・企業の行動が、市場を通さずに、他人の効用や他企業の利益に影響を与える」状況を指します。市場を経由せずに良い影響を与えることが「外部経済」、悪い影響を与えるケースが「外部不経済」です。

外部不経済のもっとも典型的な例が公害です。ある国では環境権が確立されておらず、工場の排水による水質汚濁を規制する法律がないとしましょう。このときイーダ自動車は、自動車1台をつくるのに30万円のコストがかかっているとします。その30万円とは別に、工場排水によって、周辺漁業に自動車1台あたり10万円の漁獲高減少という被害が出ているとしましょう。

イーダ自動車が実際に支払いするコストは30万円にすぎませんが、社会全体にかかっているコストは水質汚濁のコストである10万円を足した40万円です。社会的費用は10万円じゃないの？　と思ったかもしれませんが、イーダ自動車も社会の構成員のひとりであることを忘れないでください。

企業自体が気にするのは私的な費用だけです。私的な限界費用と需要曲線にしたがって取引量が決まるとき、安く作れるからたくさん作るという行動を通じて生産量は過大になります。外部不経済を放置してしまうと、最適な経済環境よりも過剰生産になってしまうのです。

外部不経済の問題に対応するためには何が必要でしょうか。イーダ自動車の工場を閉鎖してしまえ！　と思うかもしれませんが、それは間違いです。公害を出していたとしても、その企業が生産活動を行うことによって生じる余剰がある程度大きいならば——この場合イーダ自動車が車を生産することによって生じる総余剰が公害被害よりも大きいならば、生産活動そのものは継続されたほうが効率的です。

ここで、外部不経済の問題が、私的な費用と社会的な費用が食い違っている点にあったのを思い出してください。この二つが一致するようにすれば、外部不経済による過剰生産を防ぐことができます。

例えば、工場排水で出した損害の分を「漁業権の侵害」として、工場側が補塡しなければいけないという法制度をつくったとしましょう。企業側は汚水を出さないように台数を控えたり、汚水を浄化する機械を設置するなどの解決を図るでしょう。このように、当事者がこれまで負担してこなかった費用を負担させることを「外部性の内部化」と呼びます。

ちなみに、ここでは工場側が費用を負担するケースを考えましたが、工場に排水を少なくしてほしければ漁業者側が工場の「生産権」の一部を買う――例えば生産抑制補償金をはらわなくてはいけない、というケースでも外部性は内部化できると知られています。工場側としては生産を増やすことで生産抑制補償金を得られなくなるという機会費用が生じます。この機会費用分を考慮して生産が抑制されるのです。漁業権と営業権どちらが優先されるかによって、どちらがどちらに補償金を支払うのかは正反対になりますが、その結果として達成される生産量は同じになります。

このように特定の権利を設定して、当事者間の交渉、または訴訟を行う方法ではなく、汚水の排泄量に応じて課税を行う方法もあります。税金を課すことで私的費用と社会的費用のギャップを埋めるのです。このような外部不経済に対する課税のことを、イギリスの経済学者ピグーにちなんで「ピグー税」と呼びます。

外部経済があるときも話は同様です。外部経済の典型的な例として教育を考えてみましょう。ある人がコストをかけて教育を受けると、その人自身の稼ぐ力が上昇することにより、その人自身が利益を得られるでしょう。それと同時に、多くの人が文字でコミュニケーションが取れるようになったり、コンピュータが使えるようになると、社会全体の生産性が上がり、社会的な便益が生じます。文字やコンピュータの普及によってさまざまな活動が便利になると、教育をまったく受けていない（つまりは教育の費用を負担していない）人にもその効果が及びます。私的な効用よりも、社会的な効用が大きくなっているのです。

このような外部経済を伴う活動では過少生産・過少投資の問題が生じます。個人にとっては、自分に返ってくる収益だけを考えるので、そのために投資する金額も小さくなってしまうのです。だからこそ、無償の公教育を整備したり、教育に補助金を出すことによって、外部経済が生じる経済活動を促進する必要があると主張されます。

†公共財

外部性と非常に近い性質をもっているのが、「公共財」です。公共財は消費において「非競合的」で、「非排除的」な財と定義されます。

「非競合的」な財とはなんでしょうか。通常の財、例えば1個しかないリンゴを5人で一個ずつ食べることはできません。では、花火大会はどうでしょうか。10人でみても、10

0人でみても楽しさは変わりません（むしろ、楽しいかもしれませんね）。このように複数の人が同じ財を同じ量消費できることを消費が「非競合的」であると言います。対して、リンゴは「競合的」な商品です。

一方、消費が「非排除的」であるとは、料金を支払わない人の消費を妨げられないことを指します。例えば、消防は火事になった家が税金を払っていないという理由で火を消さないなんてことはありえません。このような財を消費が「非排除的」であると言います。

この両者を完全な形で満たしている財を「純粋公共財」といいます。法制度や国防、警察・消防がその代表でしょう。二つの性質の一部を満たしている財を「準公共財」と呼びます。道路や、テレビ電波、公園などがその典型です。道路が準公共財なのは、車が多すぎると渋滞して十分なサービスが得られなくなりますし、料金所をつくって有料化することも不可能ではないためです。公共財は誰かが消費すると、その周りにいる人が料金を払わなくても、つまり、市場を通さずとも消費できる財です。その意味で公共財を「消費の外部性」と呼ぶ人もいます。

公共財の大きな問題は、料金を払わない「フリーライダー」の存在です。お金を払わずともサービスを受けられるのであれば、お金を払わないという人もいます。たとえば、花火大会から一人当たり1000円の効用を得ることができるとしましょう。1万人がこの花火大会に参加するとするならば、効用の合計は1000万円になります。代金の回収が十分に可能であれば、1000万円かけて大規模な花火大会をみんなで楽しむことができます。しかし、花火は見たいがお金は払いたくないというフリーライダーがいたらどうでしょう。代金を支払ってくれる人が少ないため、100万円分の花火しかあげられなくなるかもしれません。もしかすると、100万円払えるお金持ちが100万円分の花火をあげて、ほかの人はそれを横から眺める花火大会(?)になるかもしれませんね。フリーライダーの存在が、花火大会の規模を最適なものよりも小さくしてしまうのです。このように公共財は、その供給が過少になるおそれがあります。

公共財の最適な供給条件を把握するのは容易ではありません。たとえば「町はずれの川に橋を通すべきですか」というアンケート調査をとったとしましょう。橋はないよりはあったほうがよいでしょうから、このような聞き方では全員が「橋を欲しい」と言い出しかねません。コストを考えない「要望」に従うと公共財は過剰になります。

一方で、「橋ができるなら、いくらまでならば費用を負担してくれますか?(建設が実施された場合には本アンケートの回答と同額のお金を支払っていただきます)」という聞き方をしたらどうでしょう。本心では橋ができるならば1万円くらい支払ってもよいと思っていても、費用負担を回避するために「0円ですね」とフリーライダーのような行動をとる人はいるでしょう。このように、アンケート調査によって、最適な公共財の供給水準をはかることには、大きな困難がともないます。だからこそ、「新幹線が必要だ!」「道路を新しく!」といった公共財をめぐる議論は、なかなか決着がつかないままなのです。

ここまで三つの市場の失敗を紹介しました。費用逓減産業、外部性、公共財いずれのケースにおいても、どんなに規制を緩和し、自由で競争的な市場にしても、効率的な経済状態には至りません。このように説明すると、市場の失敗は政府や行政によって対策がなされなければいけないと思うでしょう。

そこには落とし穴があります。政府の失敗の存在です。例えば、自然独占は非効率だからと、政府が価格規制に取り組んだとしましょう。しかし、規制を行う官僚と独占企業が癒着してしまったら、一層非効率的な経済環境が生まれるかもしれません。また、外部不経済の抑制のために、環境に対する権利を強力に設定しすぎた場合、本来ならば社会的に望ましい開発も頓挫してしまうことになります。さらには、公共財が過少になるからと、政府がどんどん道路や橋を作っていくと、まったく有用性のない公共事業が行われるかもしれません。このように、政府が介入することで、かえって経済の効率性が悪化してしまう状況を「政府の失敗」と呼びます。

市場経済が万能ではないのと同様に、政府の介入もまた万能ではありません。どちらがより大きな害をもたらしているのか。慎重に見極めることなしには、実際の政策運営を行うことはできないのです。さらに、この見極めは困難を極めます。電力会社の規制で紹介したように、最低限の業務を管理監督し、その他の部分に関しては自由な経済環境に任せるという、二刀流での管理監督が必要となってくるでしょう。

第3章

新しいミクロ経済理論――人間行動のリアルを考えるために

現在のミクロ経済学では、これまで説明してきた需給分析だけではなく、さまざまな分析手法が用いられるようになっています。なかでも、現在の経済学を「ゲーム理論」なしに語ることはできません。そしてゲーム理論はいまや経済学の一分野というよりも、政治学や社会学、心理学から生物学まで幅の広い分野に応用され、社会科学全体の基礎理論となっています。その一方で、経済学もほかの分野からさまざまな分析手法を受け入れています。その代表格が「行動経済学」です。本章ではミクロ経済学のなかでは第1・2章よりも比較的新しく確立された分野について学んでいきましょう。

1　ゲーム理論──相手を知らないと勝つことはできない

ゲーム理論を一言であらわすとするならば「相手を知らないと勝つことはできない」となるでしょう。初期のゲーム理論は、不完全競争市場の分析ツールでした。第1章で取り扱った完全競争市場では、企業・消費者1人の行動は市場全体にとっては無視できる程度の影響しか与えません。したがって完全競争市場では特定のライバルを意識するよりも、市場動向だけを気にして意思決定を行うほうが合理的です。

一方で、多数の企業と消費者が存在している完全競争市場とは異なり、不完全競争市場ではライバルの動向によって自社の取るべき戦略が変わります。ここでは、需要や供給といった市場全体の動向以上に、TOYOTAにとっては日産がどう行動するのかが重要になってくるのです。

ここではゲーム理論でもちいる用語を説明することからはじめましょう。ゲーム理論のなかで意思決定を行う主体（企業、消費者や時に政府）をまとめて「プレーヤー」と呼びます。プレーヤーは「戦略」を選択します。戦略は単純に「値上げをする」というものかもしれませんし、「相手が○○したら値上げし、××したら値下げする」といった行動パッケージの場合もあります。

オウムも知っているナッシュ均衡

本章で取り扱うゲーム理論のキー概念が「ナッシュ均衡」です。そこで、まずはナッシュ均衡の定義からはじめましょう。ナッシュ均衡とは、

・「その状態から自分だけが戦略を変えても利益が上がらない」ことが、すべてのプレーヤーにとって成立している状態
・すべてのプレーヤーが他のプレーヤーの戦略に最適に反応している状態

のことを指します。この二つの定義は論理的には同じことなので、自分にとって覚えやすい定義をオウムのようにひとまず暗記して以下読み進めてください。

もっとも、この説明だけだとわかりづらいでしょう。そこで、ナッシュ均衡のイメージ

図 3-1　囚人のジレンマ

	自白	黙秘
自白	(-5, -5)	(0, -10)
黙秘	(-10, 0)	(-1, -1)

をつかむため、もっとも有名な「囚人のジレンマゲーム」からはじめてみましょう。

あるとき、銀行強盗の犯人らしき二人の男、佐藤容疑者と鈴木容疑者が別の微罪で逮捕されました。警察は、二人を別々に取り調べます。しかし、どうも決定的な物的証拠はなく、このままでは銀行強盗については起訴までもっていけません。そこで、警察は自白を引き出すために、司法取引を提案します。「もしお前らが二人とも黙秘をしたら微罪で懲役1年だ。もしお前らのうち一人だけ自白をしたら、自白をした者は釈放、黙秘した者は懲役10年だ。二人とも自白をしたら、二人で5年の懲役を受けるぞ。」

この状況をあらわしたのが図3-1です。

各セルの左側を佐藤容疑者の利得、右側を鈴木容疑者の利得とします。二人とも自白をしてしまったらお互い懲役5年なので、利得は（−5、−5）になります。佐藤が自白して鈴木が黙秘をした場合には、（0、−10）となります。一方で、佐藤が黙秘し、鈴木が自白をした場合には（−10、0）。二人とも黙秘した場合は（−1、−1）です。

さて、あなたが容疑者だった場合、自白しますか？　それとも黙秘するでしょうか？

佐藤の立場になって考えてみましょう。鈴木が自白を選んだ場合、佐藤は黙秘を選べば利得は−10、自白を選べば−5ですから自白を選んだほうが得なわけですね。鈴木が黙秘を選んだ場合、佐藤は黙秘を選べば−1、自白を選べば0なので、こちらも自白を選んだほうが得ですね。

一方、鈴木の立場になって考えてみましょう。鈴木は佐藤がどのような選択を行うかじっくり考える——すると自分がどうあれ佐藤は自白するだろうと予想できます。「（佐藤が）自白を選んだほうが得だということは、佐藤は自白を選ぶだろう。俺が選ぶのは自白しかない」というのが鈴木の合理的な選択になります。

ゲーム理論だのナッシュ均衡だのと面倒な理屈を抜きにしても、囚人のジレンマゲームで両容疑者はともに自白を選ぶことになります。では、この（鈴木の戦略、佐藤の戦略）＝（自白、自白）がナッシュ均衡であるか確かめてみましょう。

鈴木にとって両者が自白する状態から「自分だけ」が戦略を「黙秘」に変えると、利得は−5から−10に低下してしまいます。これは佐藤にとっても同じです。したがって、(自白、自白)はすべてのプレーヤー(ここでは鈴木と佐藤)にとって自分だけが戦略を変えると損をするという意味でナッシュ均衡になっているのです。そして他の選択肢を選ぶと利得が下がるということは、佐藤の自白に対して鈴木が自白を選ぶのは最適な反応ということになります。これは鈴木の自白に対する佐藤の反応についても成立する――つまりはお互いに最適に反応しているという意味でも、(自白、自白)はナッシュ均衡であることが確認できるわけです。

ここで注目してほしいのが、お互い黙秘を選んだ(−1、−1)のほうがナッシュ均衡の(−5、−5)よりも、お互いの刑が少なくなるためパレート優位にある点です。しかし、黙秘、黙秘という状態は、両者ともに釈放を目指して戦略を自白に変えてしまうので維持できません。このようにナッシュ均衡(正確にはナッシュ均衡の一ケースである支配戦略均衡)がパレート最適ではないのが囚人のジレンマゲームのポイントです。

さて、囚人との司法取引という少々特殊な例で説明しましたが、囚人のジレンマゲームはさまざまな状況で観察されます。

図3-2　価格競争

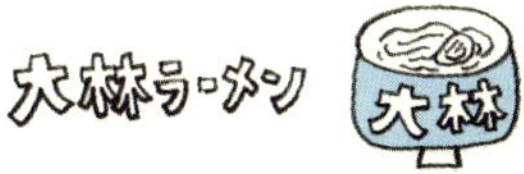

	値下げ	据え置き
値下げ	(200万, 200万)	(400万, 0)
据え置き	(0, 400万)	(300万, 300万)

†価格競争と数量競争

この本は経済の本ですから、寡占市場での企業行動を例に復習してみましょう。経済学者J・ベルトランに由来する「ベルトラン競争」は、少数の企業が価格で競争している状況を想定します。販売されている商品には差がなく、消費者は「より安いところから買う」と仮定します。

ある街に小林ラーメンと大林ラーメンが同時にオープンするとしましょう。図3-2の各セルの左側を小林ラーメンの、右側を大林ラーメンの売り上げとします。両者の味に差はなく、1円でも安い方の店が客を独占します。もし、両者ともそのままのラーメンの値段であれば、お互い300万円ずつの売り上げがあります。一方で、どちらかが値下げし、どちらかが値下げしない場合、値下げしたほうは400万、そのままの値段のところは売り上げ0になると予想されます。一方で、両方値下げした場合は、お互い200万ずつの売り上げになります。

このとき、ナッシュ均衡は（値下げ、値下げ）となります。先ほどの囚人のジレンマと同じように、小林ラーメンは大林ラーメンの顧客を取るために、安い価格をつけ、大林ラーメンも値下げを選択するため二つのラーメン店の利益は低くなってしまうのです。これは両ラーメン店は囚人のジレンマに陥ってしまったのです。

このストーリーはこれだけではおわりません。値下げによって売り上げが減少した小林ラーメンは、価格低下を客数でカバーするためにさらなる値下げをするでしょう。一方の大林ラーメンも同様です。このようにして、価格を変数とするベルトラン競争では、各プレーヤーが倒産しないギリギリのところまで値下げを続けることになります。結果として、企業の数は少ないにもかかわらず、完全競争市場と同じ価格と数量が実現するのです。

販売している商品に差がない状況で価格によって競争する市場の代表がファストフードです。外食産業では一度メニューの価格を決めてしまうと、そう頻繁に価格を変えられません。そのため、「価格を選んで、その価格での需要に応じて生産する」というベルトランモデルによる分析に適しています。そしてベルトランモデルに近いということは……その市場は価格競争によって利益が最小になる市場である可能性があるということです。

一方で、価格の変更は容易でむしろ生産量を変えるほうが時間がかかるという市場では、A・クールノーの名がついた「クールノー競争」での分析が適しています。企業は生産量を選択し、価格は市場動向（需要量など）で後から決まるという想定での分析です。

クールノー市場では、企業は価格ではなく生産量を選択します。例えば、メーカーが価格を決めるのではなく最終的に小売店が売れ行きをみながら値段を設定していくオープン価格の家電はクールノー競争的な市場です。または、建築資材や部品といった生産にある程度の規模の設備が必要な商品も生産量が決まり、供給量と需要水準によって価格が設定されます。このような場合は値下がりを恐れて、供給量をある程度絞り込むため、価格は価格で競争するベルトラン競争のケースよりも高くなります。

ここまでの説明ではあまりにも単純なゲームばかりで、「本当に役に立つの？」と思われた人も少なくないでしょう。しかし、ゲーム理論はここまで説明してきた単純な技法にとどまらない広範な広がりをもちます。

✝さらに広がるゲーム理論の世界

ゲーム理論のカバー範囲は非常に広いため、入門書でその全貌を紹介するのはとても不可能です。そこで、ここでは比較的簡単に理解できる現実問題への適応例を見ることで、ゲーム理論の雰囲気を感じていただきたいと思います。

ナッシュ均衡は全プレーヤーにとって戦略を変える動機がないという状況です。そのため、「一度ナッシュ均衡状態に到達したら、それ以外の状態に移ることは難しい」という性質をもちます。このような「一度はまったら抜け出せない状態」はひとつとは限りません。ここで、もうひとつの経済問題への適用――フリーマーケットゲームを考えてみましょう。

山田さんと高橋さんの2人が来週開催されるフリーマーケットでの出店を検討している状況を想像してください。2人が同時に出店すればフリーマーケットの規模が大きくなりお客さんも多くなるので、両者ともに、10万円、10万円の利益があるとしましょう。二人とも出店しない場合、両者の得は0です。一方で、片方だけが出展した場合、店数の少ない寂しいフリーマーケットになってしまうので、お客さんも来場せず、費用だけがかさみ出店した人は5万円の赤字が出るとしましょう。このゲームの構造は図3-3のように整理できます。

このときのナッシュ均衡は二つになります。両者ともに出店して利益を得ることができ

図 3-3　フリーマーケット出店

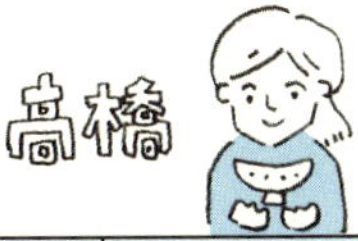

	出店しない	出店
出店しない	(0 万, 0 万)	(0 万, -5 万)
出店	(-5 万, 0 万)	(10 万, 10 万)

る「高位均衡」、両者ともに出店を見合わせて何の利益も得られない「低位均衡」――いずれも自分一人だけが行動しても得しない状況であることを確認しましょう。そのため、一度、（出店、出店）という状況になると、高位均衡が継続されやすくなるのです。その一方で、出店しない、出店しないという悪い状況が成立してしまうと、二人が協調して行動を変えない限り高位均衡へのジャンプは生じません。

このような複数均衡を用いて、景気を説明する方法もあります。多くの企業が投資を実施している状況では、自分も設備拡大投資をしたほうが得をするかもしれません。投資の活性化がさらなる投資を呼び込むことで経済は好況という高位均衡を達成します。一方、多くの企業が投資に消極的な状況で、自社だけが投資しても得られる利益は少ない。すべてのプレーヤーにとって事情は同じですから、結果として多くの企業が投資を手控えるようになる。これが低位均衡としての不況です。

好況のときも、不況のときも個々の企業は他社の行動に対して最適に反応しているだけです。そして、日本中の企業の最適な反応の結果——あるときには好況に、あるときは不況になるというわけです。

結果として、低位均衡としての不況が一度成立してしまうと、そこから抜け出すのは容易ではありません。そんなとき、政府はあえて短期的な景気政策を取ることがあります。これは、一度成立してしまった低位均衡から、高位均衡への移行を目指しているためです。このような政府の政策については、マクロ経済学（第5章）で詳しく説明します。

ゲーム理論を用いることで難解な現実を単純な論理で理解できる——そんな適用例は経済問題に限定されるものではありません。ゲーム理論は地理学や政治学にもさかんに応用されています。その一例として、ちょっと極端な例を考えてみましょう。

あるビーチに、海水浴客がまんべんなくいるとしましょう。このビーチで田中さんと伊藤さんの二人のアイスキャンディ屋は、どこにお店をつくろうとするでしょうか。同じ商品で同じ価格とすると、どちらの店でアイスキャンディを買うのかは自分が居るところか

図 3-4　アイスクリーム屋出店

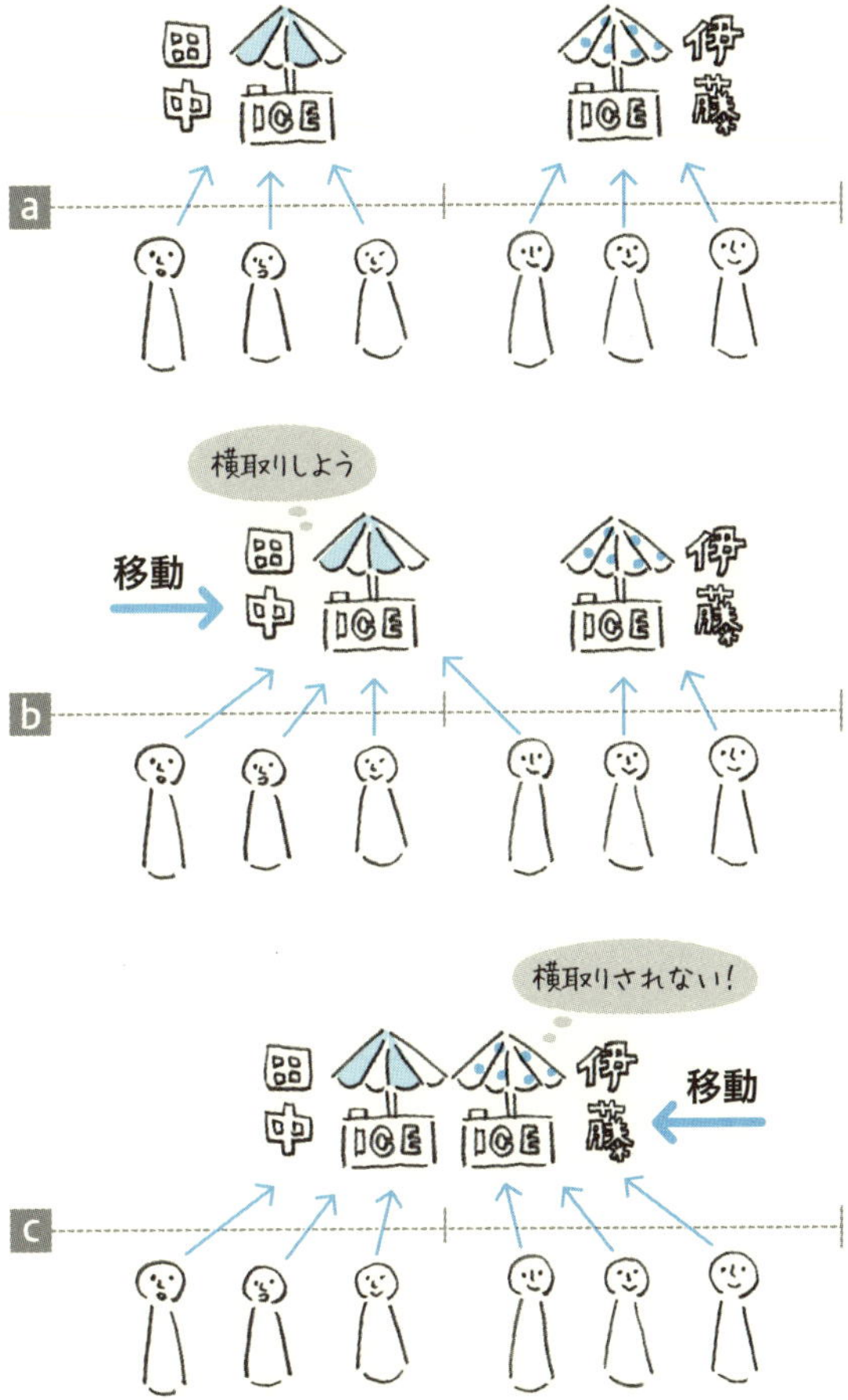

ら店への距離によって決まることになります。つまりは、ビーチの人たちは自分からいちばん近いお店でアイスを買うというわけです。

このとき、田中さんと伊藤さんはどこに立地するのが得でしょうか？　仮に、田中さんと伊藤さんが図3－4aのような場所にアイスキャンディの屋台を出していたとします。このとき、田中さんに近い客は田中さんから、伊藤さんに近い客は伊藤さんから買うでしょう。両屋台とも同じくらいの売上になりそうですね。しかし、このような状況はナッシュ均衡ではありません。

ここで、田中さんの立場になって考えてみましょう。伊藤さんのお店の場所が変わらないとするならば、田中さんはもう少し伊藤さんに近いところでお店を開いたほうが得です。図中のより右に屋台を移動しても、自分よりも左サイドの客は今まで通り自分の店でアイスを買ってくれます。そして右に寄った分、これまで伊藤さんの屋台でアイスを買っていた客の一部を奪うことができるというわけです。自分一人が戦略を変えることで得する余地があるので、図3－4aはナッシュ均衡ではないということになります。田中さんは屋台の位置を右へ右へ、より真ん中に店を移動させることでしょう。

伊藤さんについても状況は同じです。田中さんにより近い場所に店を出そうとするため、より真ん中に店を移動させます。二人にとって戦略を変える動機がなくなる、つまりはナッシュ均衡では二人ともがビーチの中央に屋台を置くことになるでしょう。

実際のビーチでも、海岸は悠々と広がっているのに、お店が1カ所に集中している状況をみることがありますよね。このように、お店の立地においても、ナッシュ均衡が適応されるのです。このような立地競争のモデルは、ハロルド・ホテリングの名前から「ホテリングモデル」と呼ばれます。

ホテリングモデルは政党の主張を分析する際にもみられます。「野党も与党も、政策があまり変わらないな」と思ったことはありませんか？ これもホテリング理論で説明がつきます。二大政党制の下で両党が選挙公約を考えるという状況を想像してみてください。ま選挙は一人一票ですので、各有権者は自分にいちばん近い考え方の政党に投票します。まさに先ほどのアイスキャンディ屋と同じです。すると、右派政党はより左派的な考え方を受け入れることで、左派政党はより右派的な考え方を盛り込むことで、ライバル政党の票を奪うことができます。その結果、二大政党制のもとでは、両党ともに中道的な政策をとるようになると言われます。

このようにゲーム理論は政治の分析にも使われており、多様な分野に応用可能です。いまや経済学を超えて、社会科学全体の基礎理論として用いられるようになっています。その意味で、ゲーム理論を経済学の一分野とするのは、現在では適切でないのかもしれません。

2 情報の非対称性——学歴はなんのために?

相手の行動が自分自身に大きな影響を与えるケースは少なくありません(というかほとんどの場合そうでしょう)。だからこそゲーム理論は多様な分野の基礎となります。そして、「相手の行動」と同じくらい、またはそれ以上に意思決定にとって重要なものが「相手の情報」です。ライバルや契約の相手がどんな能力をもっているのか、本当に誠実に行動してくれるのか。情報は戦略立案にとって最重要事項のひとつです。このような情報に関する経済モデルは情報の経済学と総称されます。

突然ですが、なぜ企業は高学歴の人材をほしがるのでしょうか。文系の大学で、会社の業務に直接関係する内容を教えている学部はほとんどありません。企業の人事部が怠慢だから……だけが理由ではないようです。

情報の経済理論でも、いくつかの特徴的な用語が出てきます。その一つがプリンシパル（依頼人）とエージェント（代理人）です。あなたが弁護士に訴訟の依頼をしようとしているとしましょう。このとき、弁護士に仕事を依頼するあなたがプリンシパルであり、訴訟に関する手続きを依頼される弁護士がエージェントです。初めて契約する弁護士では、契約前にその弁護士の能力を知ることができないとか、いざ訴訟になったとき本当に真剣に仕事をしているかがわからないという不安がありますね。この「わからなさ」が「情報の非対称性」です。

この他、企業が労働者を雇うときには企業がプリンシパル、労働者がエージェントととらえて分析を行います。また、保険契約については保険会社をプリンシパル、加入者をエージェントとしてモデル化します。そのため、情報の経済学におけるプリンシパル、エージェントという言い回しは日常用語の依頼・代理の関係には限定されない意味をもっている点に注意してください。あくまで情報を知らないで意思決定をしなければならない人・企業をプリンシパル、そうではない方をエージェントと呼ぶと理解しておくとよいでしょう。

契約後に相手の行動を完全に観察・監視することができない、契約前に相手の情報を十分に知ることができないことから生じるさまざまな問題を「情報の非対称性問題」、「プリンシパル＝エージェント問題」と呼びます。情報の非対称性は第2章でふれた、「市場の失敗」の一例として語られることもあります。

情報の非対称性によって発生する問題には大きくわけて二つあります。一つは、取引後の情報がわからないことから生じるモラルハザードと、取引前に情報がわからないことから生じる逆選択（逆淘汰）です。

モラルハザードがもたらす不幸

まずはモラルハザードから説明していきます。現在の日本では、「悪徳政治家のモラルハザード！」のように、悪事を指す言葉としては使われていますが、経済学ではこのような倫理的な意味合いはありません。あくまで、プリンシパルが契約後のエージェントの行動を監視できない、または監視できてもその内容を立証できないので裁判に持ち込むことができないといった状況を指す言葉です。

典型的な例として、自動車保険を考えてみましょう。契約を結んだあと、保険会社は加入者の運転行動を観察することができません。乱暴な運転で車が傷ついても保険がカバーしてくれると考えて荒い運転をしたとしても、保険会社は監視したり、安全運転を強制することはできないのです。たとえ技術的に監視ができたとしても「何となく気を抜いて運転していた」ことを裁判などで立証するのは不可能です。この時保険会社は加入後に乱暴運転をするかもしれないというリスクに備えて、保険料を高めに設定することになります。すると、もともと乱暴な運転などする気もなかった人もまた高額な保険料を支払わなければならなくなるのです。

このようなモラルハザードの問題は保険に限られたものではありません。仮に固定給で完全な終身雇用という条件で雇われる労働者がいるとします。この労働者は一度就職してしまえば、クビにならない。その結果、努力せずにだらだら働く可能性が高いのではないでしょうか。このように、固定給や年功序列型の賃金、長期安定雇用がモラルハザードを引き起こすという議論もあります。また、企業と労働者の間だけではなく、株主と雇われ経営者の間でも同様の問題が発生します。社長や役員に選ばれた経営者が、株主の利益最大化ではなく、自身の名声を高めることを目標に行動する（例えばボランティア活動や文化事業に多大な支出をするなど）ようになったという例は現実にも観察されることが少なくありません。

　このようなモラルハザード問題を回避するためには何が必要でしょう。行動の監視と監視内容の立証ができるようになればよいのですが……それはひとまず不可能であるとします。次善の策として取り得る対策は「プリンシパルにとって都合の良い行動をとることが、結果としてエージェントにとっても得」という仕組みをつくることです。

　自動車保険の例では、無事故の期間が長くなるほどに保険料を安くするといった対応がとられています。労働者の例では、歩合制を一部に取り入れたり、出世に差をつけたりして、モラルハザードを防いでいます。

　難しいのは株主と経営者のケースです。一般の労働者に比べ、経営者が下した経営判断の結果がでるのはかなり先になります。経営者の任期がとうに終わった後になって、任期中にベストを尽くしたかがわかることがほとんどかもしれません。むしろ任期中の業績は前任者の功績ということが少なくない。このような状況では業績連動報酬を導入してもモラルハザードを防ぐことはできません。在任中の給与を自社株で支払ったり、退職金を一定期間後に自社株（正確には一定期間後に自社株を受け取る権利）で支給するといった対策がとられていますが、いずれも決定的な解決策とは言えない状況です。それどころか株式による報酬の支払いを行うと、（比較的近い将来の株価を引き上げる）短期的な利益を追求した経営が優先されるようになるため、企業の長期的な成長を妨げるという説もあります。

逆選択におけるWin-Winの対策は

一方で逆選択（逆淘汰）は、契約の前に相手の状態・性質を知ることができないために生じる問題です。その別名は「レモン市場問題」。ここでの「レモン」とは一昔前の米国のスラングで「中古車」を指しています。レモンの味が外見だけではわからないように、中古車の本当の性能も外からではわからないというわけです。

中古車の性能を売買の前に完全に把握することはできません。外見がきれいだったとしても、実際にはエンジンや安全装置に問題を抱えているかもしれないからです。事前に中古車の性能をチェックできない場合、買い手は「問題があるかもしれないし、安くないと買いたくない」と考えるでしょう。しかし、安い値段でしか買ってもらえないのであれば、よい中古車をもっているオーナーは売るのをやめてしまいます。すると、市場に売りに出される車には、よい品質のものが少なくなっていく。このようにして、当初買い手がもっていた「もしかしたら粗悪な車かもしれない」という懸念が現実のものになってしまうのです。

この話には続きがあります。低品質の中古車が増えれば増えるほど、買い手としてはさらに警戒感を強め、今までよりいっそう安い値段でしか買わなくなります。すると、そこその品質の車のオーナーも「この値段では手放したくない」と売り渋るようになり、市場における中古車の品質はさらに下がっていく。これが繰り返されると、中古車市場そのものが機能しなくなってしまいます。このようなレモン市場問題は「悪貨（悪い中古車）が良貨（良い中古車）を駆逐する」ので、社会的なグレシャムの法則といわれることもあります。

保険市場においても同様の事態が起こりえます。加入者の健康をチェックしない医療保険があったならば、自分の健康に不安がある人ほど加入したいと考えることになります。すると、保険会社はさらに高い保険料を設定し、それでも加入したいとしか思わない人（要はものすごく健康状態が悪い人）しか加入しなくなり……といった変化が保険市場そのものの機能を失わせてしまう可能性があるのです。

このような問題にはどのような解決方法があるでしょうか。有効な方法として、車検や国民的な健康診断の導入が挙げられます。実際に、中古車市場では車検通過からの期間が短い車ほど高値で取引されます。保険についても、病歴や健康診断書の提出を義務付けるのが常識です。さらに、中古車の取引仲介業者も、1カ月以内のクーリングオフを可能にしたり、業者が独自の品質保証制度を設けることで、逆選択の問題に対応しようとしているのです。

さて、最初の疑問に戻ってみましょう。なぜ企業は高偏差値大学の学生をほしがるのでしょうか。逆選択が生じると困るのは中古車販売店や保険会社だけではありません。品質に応じた価格で中古車を下取りしてもらえない人、自分の健康状態に比べ高すぎる保険料を支払わされる加入者（または高すぎて加入しなくなった人）——彼らもまた逆選択の被害者です。中古車の売り手は「この車の本当の性能をちゃんとわかって欲しい。なんとかして高品質の中古車であることを証明したい」と考えています。保険加入者についても同様です。

情報の非対称性下でも、間接的ではありますが、自身のもつ情報を伝える方法がありま す。企業の採用活動について考えてみましょう。企業側は志願者の真の能力を確かめることができません。履歴書や面接だけでは仕事の能力はわからないからです。一方で、高い能力を持つ志願者ほど「本当の自分の実力を理解して欲しい」と考えます。しかし、自分が高い能力を持つことを完全に証明する方法はありません。

そこで用いられるのが学歴です。高偏差値大学を卒業しているということは、多くの人が、学生時代比較的まじめに学校に通い、勉強をする努力をしてきたと考えられます。勉強すること、コツコツ努力することを大きな負担だと考える人にとって高偏差値大学に入るのはあまりにもコストが大きすぎる。ここから、高学歴者ほどまじめに努力をすることを嫌がらない割合が高いと予想されるわけです。このように、企業側は、雇った後に「新しい業務内容をまじめに勉強できる」人物像を期待して、高偏差値大学の出身者を優先する。一方で学生側も自分は「新しい業務内容をまじめに勉強できる」人材であることを証明するために高偏差値大学を目指すということになるわけです。このように、性能や品質・能力そのものではなく、高い能力があるほど容易に得られるステータスなどを利用して情報の非対称性問題を軽減しようという試みは「スクリーニング」と呼ばれます。

大卒、そして高偏差値大学卒のほうが高給の職を得られるのはなぜか――大学教育によって個人の能力が向上しているのか、単なるスクリーニング効果なのか。私としては前者であることを願ってやみません。

3 行動経済学――人間は本当に合理的なのか?

ここまで読んできた皆さんのなかには、「世の中ってそんなに合理的なの?」と疑問に思った方もいるでしょう。現実の市場は完全競争とは程遠く、非合理な行動をとったとしても、会社はすぐに倒産するわけではありません。個人の行動においては、非合理な行動がより頻繁に観察されます。

このような疑問に対して、これまでの経済学では以下のように答えてきました。「合理的でない企業は長期的に淘汰されてしまう」ため、「長期的には合理的な企業の割合が高くなる」と。個人の行動に対しても、繰り返して類似の行動をとると、次第に合理的になっていくという研究があります。たとえば「家は3回建てないと満足できない」という言葉があります。確かに一度きりの行動については、合理的な判断ができず、大きすぎる家を建てたり、実用性のない間接照明をたくさんつけてしまいがちです(これは、基本的に「一生に一度」と言われる結婚式の際に、予算オーバーになってしまいがちなことでもわかるでしょう)。しかし、何回も買ったことのある缶ビールならばどうでしょうか。コンビニで300円で売られている缶ビールが、よそで1000円で売られていたら、ほとんどの人が買わないですよね。人は繰り返し行動することで合理的になっていくのです。

人間の非合理な状況をめぐる経済理論は、現在もまだ論争の途中にあります。そんな中、人間の合理性について考えるための、重要な知見が行動経済学の理論から生まれています。

†100万円の得と100万円の損の違い

「プロスペクト理論」は、人々が利益と損失に対してどのような反応をするのか、実験を通じて明らかにしています。あなたの目の前に以下の二つの選択肢が示されたとします。

質問①

A:100万円が無条件で手に入る。

B:コインを投げて表が出たら200万円、裏が出たらなにも手に入らない。

質問②

現在あなたには200万円の借金があるとして……

A：無条件で借金が100万円減る

B：コインを投げて表が出たら借金は0になる、裏が出たらなにもおきない。

皆さんはどちらが望ましいと考えましたか？ 実験によると、質問①ではAと答える人が多いのに対して、質問②ではBと答える人が多いことが知られています。合理的に考えると、リスクを取らない堅実な性格の人は両方にAと答え、リスクを取るチャレンジングな性格の人は両方にBと答えるはずです。

プロスペクト理論が教えてくれるのは、人間は損と得の受け止め方に差があるということです。質問①の状況では確実な利益を好み、質問②の状況ではリスクを負ってでもなんとかマイナス（借金）からのがれたいと考えがちだというのです。

これまで多くの標準的な理論では、100円得をして、100円損するとプラスマイナス0だと考えられてきました。しかし、さまざまな実験によると人間の感情は損と得につ

図 3-5　プロスペクト理論

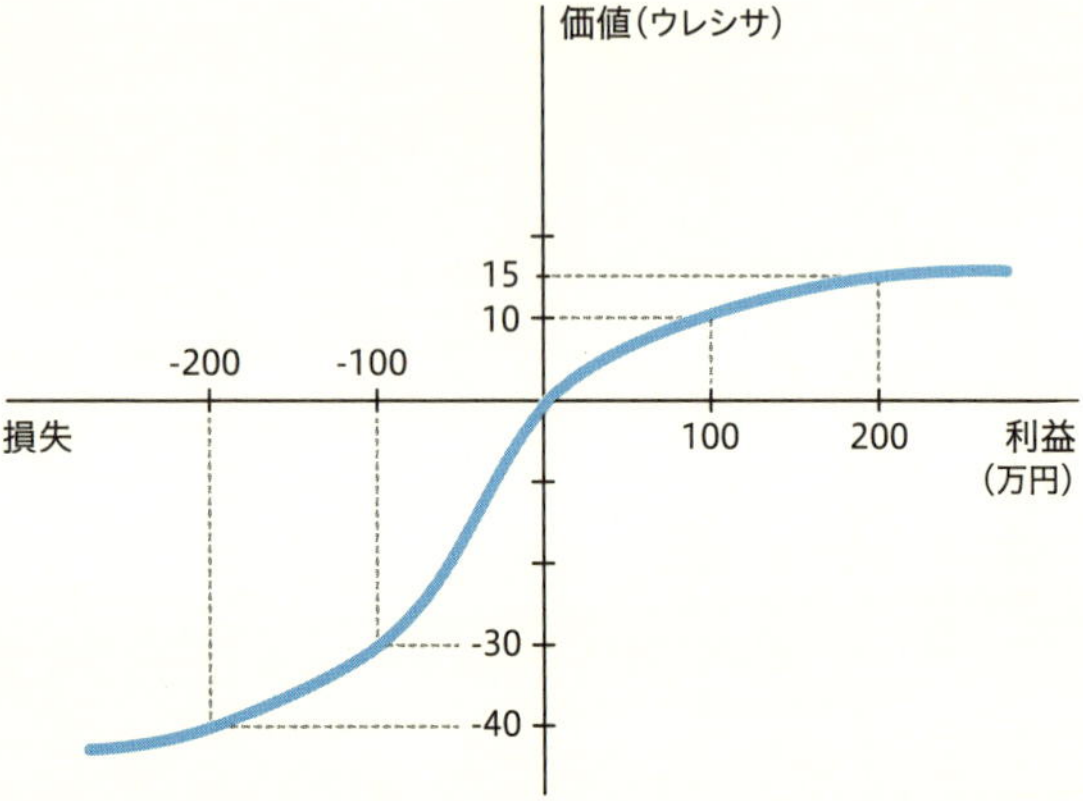

いて対称的にはとらえていないようなのです。

縦軸に効用、横軸に損得を取ってみましょう。このとき、損得と満足度の関係は、損得が0のときを境に大きく異なることがわかってきています。

得に関しては、得をすればするほど満足度は上がっていくが、その上がり方は次第に逓減していく（得なことには次第に飽きてくる）。一方で、損失に対しては、少しの損失は満足度を大きく下げるのに対して、その満足度の下がり方が小さくなっていくと考えられるのです（損なことには次第に慣れてくる）。

たとえば、100万円得をするときのウレシサが10、200万円もらったときのウレシサは15としましょう。すると確実に10の満足度が得られるほうが、2分の1の確率で15得られる（期待値は7・5）よりも満足度が高いということになります。一方で、損失に関してはこれと逆のことが起こります。100万円損すると-30の満足度を得る。200万円損すると、-40の満足度になるとすると……2分の1の確率で-40、2分の1の確率で0（期待値は-20）になる質問②のBを選んだほうが得だと判断することになるのです。

この他にも、人々の非対称的な反応に関する行動経済学上の発見に「保有効果」があります。人は、自分が持っているものの価値を過大評価する傾向があるのです。たとえば、通販番組などで「効果がなければ返品してください」といった売り文句をみたことがあるでしょう。しかし、実際にはそのほとんどが返品されません。人間は、一度自分が所有したものの価値を過大評価する傾向があるため、なんだかんだと理由をつけ手元に商品を置いておきたがるのです。

ソーシャルゲームはこの保有効果を営業ツールとして活用しています。いちばん最初にいくつかのレアカードを受け取ると、それを失うのは嫌だという気持ちが働きます。ゲームを途中でやめてしまうと、最初にもらったカードが無価値になります。この時、多くの人は自分が主観的に高く評価していた所有物を失うことを嫌います。この保有効果がゲームを続ける動機になり、気がつけば課金し続けてしまう――運営側はそれを狙ってレアカードを配布するのです。

†時間を価値に換算してみよう

人々の非合理性に関するより実践的な例を考えるにあたっては、「割引現在価値」の概念が重要になります。

「いま100万円もらうのと、1年後に100万円もらうのはどちらがいいですか？」と聞かれたらあなたはどう答えますか？　「今もらったほうがいい」とほとんどの人が答えるでしょう。まったく同じ額であれば人は現在の利得を重視する傾向があるのです。では、こう聞かれたらどうでしょうか。

一方で、「今日100万円もらうのと、1年後に105万円もらうのはどちらがいいですか？」ならばどうでしょう。これは意見が分かれるのではないでしょうか。今日の100万円を選んだ人は比較的現在を重視する傾向が強く、105万円を選んだ人は将来の得を重視する人が多いのです。

将来もらえるお金と、今もらえるお金はどれくらいだと同じ価値だと思うのか。その割合を「割引率」と言います。たとえば、1年後の100万円を今の97万円と同じだと考えている人の割引率は3%で、1年後の100万円を今の90万円と同じだと考えている人は10%の割引率です。この割引率は、個人のおかれている事情に依存するでしょう。たとえば、入院の必要があったり、借金があったら、今すぐにでもお金が欲しいですから割引率は上がります。そして、まったくお金に困っていないのであれば、割引率が低くなります。

一方で、割引率は個人の性格そのものから決まる部分が少なくありません。そして、子どもの頃に割引率が高かった（将来より現在優先の）人は大人になっても割引率が高い傾向があると言われます。たとえば、子ども向けに、キャンディを1時間我慢できたらケーキをあげるという実験をしたとしましょう（子どもにとってキャンディよりもケーキがうれしいと仮定します）。我慢できず、目先のキャンディを先に食べてしまった子は、成人したのちも比較的現在を重視した行動をとるという報告もあります。

さまざまなデータ分析によって割引率の高い人は、煙草を吸い、ギャンブルをし、学歴も低く、貯金もしていない傾向があることが示されています。肥満や喫煙習慣は「健康負債」と呼ばれます。将来よりも現在の快楽を重視する人は、借金をしてでもお金を使うでしょうし、健康への不安を考えずにジャンクフードを食べたり煙草を吸ったりするでしょう。このように、経済とは直接関係のないように感じる行動も、割引率という概念で考えることができるのです。

「割引率」の考え方は、伝統的な経済学でも重視されてきました。不動産価格の算定にはディスカウントキャッシュフロー法と呼ばれる計算が用いられることがあります。将来その土地から得られる賃貸料の割引現在価値からおおよその土地の価値を推し量るのです。

これまでの経済学では、この割引率は一定のものだと考えてきました。たとえば、100万円と1年後の105万円が同じ価値だという人は、現在の100万円と2年後の110・25万円（＝100×1.05×1.05）を同価値だと感じると考えてきたのです。しかし、企業はさておき、個人についての割引率は一定でないと分析した実験経済学の結果が増えてきています。その一つが「双曲割引」と呼ばれる仮説です。

「1年後の100万円と今日の50万円どちらがいいですか？」と言われたら、ほぼすべての人が1年後の100万円がいいと答えるでしょう。しかし、明日100万円もらえるのと、今日99万円もらえるのならばどちらがいいですか？と聞かれたらどうでしょうか。「99万円の方がよい！」と感じた人もいるのではないですか？

落ち着いて考えてください。たった1日早く受け取るために1％安くなってもかまわな

図 3-6　割引現在価値

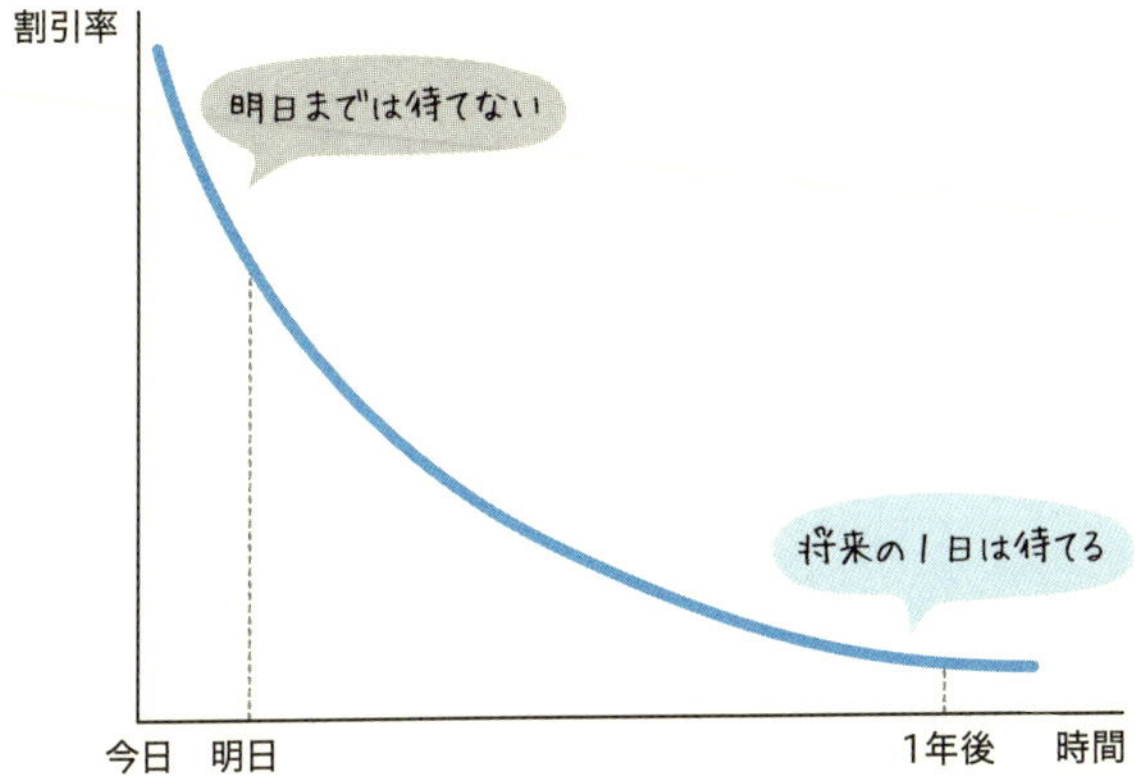

いというならば、1年（365日）早く受け取るためには97・5％（1％の割引を365回繰り替えした値）安くなってもかまわないということになりませんか？　1日当たりの割引率が1％だと100万円の現在価値は2万5000円程度（100万円×0・99の365乗）ということになります。1年後の100万円より今日の2万5000円のほうが欲しい……という人はいないでしょう。

このような人間心理はどのような関数であらわされるのでしょう。例えば、「明日の100万円よりも今日の99万円」という人であっても「366日後の100万円と365日後の99万円はどちらが良いか」と聞かれたら「366日後の100万円のほうが良い」と答える傾向があります。どうも、人間は目先の現象については、大きく割り引いてしまうことがあるようなのです。

このように、行動経済学は人間の合理的とは言えない現象をクローズアップしてきました。現時点ではまだ完成された議論ではありませんが今後の経済学全体に大きな影響を与えていく可能性があります。

理論としての体系化は完成されていない一方で、マーケティングやビジネスの分野での応用は進んでいます。例えば、「人々は不安定な収益よりも多少は安くても確実な収益を好むこと」、「損失は大きくなれば大きくなるほど慣れてしまう」という特性は投資用金融商品の開発には重要なヒントになるでしょう。また、とにかく「今日・明日」の支払いから逃れたいという双曲割引の強い主体については、目先の支払いを回避する代わりにより高利のローンを勧めるといった工夫（?）が考案されつつあります。

第2部

マクロ経済学

マクロ経済学は、ミクロ経済学とならぶ経済分析の基礎理論です。しかし、ミクロ経済学の誕生が18世紀にさかのぼるのに対して、今日の意味でのマクロ経済学の誕生は20世紀に入ってから、その研究は1930年代以降に本格化しました。

個人や個別企業行動に関する理論的な考察を行うミクロ経済学に対して、一国全体の、景気、物価、貿易、経済成長といった比較的大きな対象について考察するのがマクロ経済学の特徴です。

マクロ経済学の誕生がミクロ経済学よりも遅れたのはなぜでしょうか？　まず、個人主義や自由主義といった17世紀以来の社会哲学の問いという考えと古典派経済学（初期のミクロ経済学）が結びついていたため、ミクロ経済学のほうが発展しやすかったといえるでしょう。

もうひとつ、よんどころない理由でマクロ経済学の誕生は遅れました。古典派の人たちも、一国全体の経済政策に大きな関心を寄せていたのですが、当時は一国全体の経済をあらわす適切な数字がなかったのです。本書冒頭でも強調したように、理論モデルは統計的な検証を経て、磨き上げられる必要があります。そのため、19世紀までの議論は、面白い仮説はたくさんあるものの、継続的に発展することができませんでした。第３部で紹介する「計量経済学」によって仮説を検証すること、それが可能になることが理論の発展にとっては不可欠なパーツなのです。

統計的な理論モデルの検証を可能にした大きなきっかけは、SNA（System of National Account: SNA）の発明です。今日私たちが耳にするＧＤＰ（国内総生産）といった概念が明確に定義されることで、はじめてマクロ経済が「目でみる」対象になったのです。これに、１９３６年発刊の『雇用・利子および貨幣の一般理論』、通称「一般理論」のケインズの理論体系が加わることで、マクロ経済学がスタートします。

１９４０年代から７０年代までは、ミクロとマクロは個別の独立した分野として扱われていました。しかし、８０年代以降、マクロ経済学はミクロ経済学の発展的な分野として研究されることが多くなっています。第２部では、かつてマクロ経済学の主流であった、新古典派総合の考え方に従って短期問題を扱うケインズモデル（第４章）と、長期問題を扱う新古典派成長モデル（第５章）を解説するとともに、８０年代以降の新しい流れを紹介していきましょう。

第4章　マクロ経済の数字——計器なくして飛行機は操縦できない

1　GDPとは何だろうか——統計数字に騙されないために知っておきたいこと

マクロ経済学の発展には、マクロの経済状況をあらわすデータの整備が不可欠です。マクロの経済統計、またはマクロの会計のルール——SNAが確立したことによって、一国経済全体の調子や、成長率という抽象度の高い対象を数字としてあらわせるようになりました。

SNA（国民経済計算）と聞くと耳慣れない言葉に感じるかもしれません。しかし、その中核に位置する「国民所得勘定」の別名「GDP統計」と聞けばピンとくるのではないでしょうか。「中国のGDPが日本を追い抜いた！」「今年の実質GDP上昇率は1％にとどまった」などとよく話題になりますが、そのGDPとはいったい何なのでしょう。

†GDP統計の基本原則

GDPは「一国のなかで一年間に生み出された付加価値の総合計額」と定義されています。「付加価値」はビジネスの世界で「粗利《あらり》」と呼ばれます。10万円の小麦から20万円の小麦粉をつくった場合、小麦粉生産によって発生した付加価値は10万円になります。20万円の小麦粉に手を加え、50万円分のパンをつくったならば、小麦粉からパンをつくる活動に関する付加価値は30万円です。その結果、小麦からパンをつくるという活動によって計40万円のGDPが計上されます。単純化すると、売り上げから原材料費を引いたものが、粗利であり、付加価値です。日本国内で2016年に生み出された粗利の合計額が2016年の日本のGDPというわけです。

GDPにはいくつかの注意点があります。その第一が、算入されるのはその期間内に生み出された付加価値のみであるという点です。たとえば、2017年に、葛飾北斎の絵が10億円で取引されたとしましょう。しかし、北斎の絵が描かれたのは2017年ではありません。10億円のうちGDPにカウントされるのは仲介手数料に関する部分だけになります。これは土地の取引を考える際に重要な視点です（当然ながら、土地は今年新しく生まれたものではありません)。

また、GDPにカウントされるのは、市場で行われた取引だけに限られます。「市場を経由した」とは、実際に誰かが購入したという意味です。100万円の自動車が購入されたとしたら、その車に100万円の価値があると考えている人が少なくともひとりはいたということになります。市場で「売れた」という事実から、その金額に客観性があると考えられるのです。

しかし、これらの原則には例外があります。一つは農家が自分でつくったものを自分で食べる場合です。このとき農家は自分で自分に農作物を売ったとして、その分をGDPにカウントします。持ち家に住んでいる場合にも、自分で自分に家賃を払っていると考え、GDPにカウントします。このような計算方法を「帰属計算」といい、類似の物件などの家賃から推測して求められています。また、公共事業のように売り出したものを買う人がいない場合には、1兆円のコストがかかった道路には、1兆円の価値があるとして、GDPに計上することになっています。

「GDPは国の豊かさをあらわさない」と経済に対して批判する人がいます。しかし、そのような批判をする人の多くはGDPが何なのかを理解していません。GDPには三つの

顔（計測方法）があります。

GDPの性質を少々の計算式を交えながら紹介しましょう。GDPの性質は、足し算と引き算のシンプルな式であらわされますので、計算自体はさほど難しいものではありません。

まず、GDPというのは一国内で生み出された付加価値の生産総額ですから、それは日本中のさまざまなビジネスの現場で発生した、粗利をすべて足し合わせることで求められます。これが生産側から計測したGDPです。

ここで、GDPは付加価値であることに注目してください。付加価値は売り上げから原料費を引いたものです。その粗利は経営者のものになったり、働き手に賃金として支払われたり、家賃として地主の収入になったり、なんらかの形で誰かの所得になっていますね。したがって、日本中の人の所得を足しあげても、GDPを計算することができるのです。日本人の所得の合計額なのですから「国の豊かさ」をあらわす指標としてはなかなかに適切なのではないでしょうか。

所得の使い道は、消費するか、税金に取られるか、そのいずれでもないかです。消費でも税金でもないということは「手元に置いておく」ということですから、これは貯蓄です

ね。ここから、

◆生産＝分配

GDP＝消費＋税金＋貯蓄　……①

となります。ここで「消費でも税金でもない、後々にとっておくお金」で株や国債を購入したら、それは貯蓄ではなく投資だと思われるかもしれません。しかし——経済理論や国民経済計算では、「機械や建物、または研究開発への支出など、将来の生産のための資源を購入すること」を投資と呼んでいます。後々のためにとっておくという活動は、それが現金や預金であれ、株・国債であれ貯蓄と呼びます。日常用語と用語法が違うので以下注意しておいてください。ちなみに、等号が「＝」ではなく、「≡」なのは会計上のルールとして等しく、いつでも成り立つことを明示するためです。

一方で、GDPは誰かが市場で取引したものだけを対象にしています。すると、誰かが誰かからなんらかの用途で買った支出の総計になっているはずです。人々がものを購入する理由は何か。ここでジャガイモだけからなる経済を考えてみます。人は何のためにジャガイモを購入するのでしょう。まずは、食べて消費するためですね。次に、来年度の種イモにするため、すなわち投資するために買うことがあります。そして、政府が備蓄のため、または貧しい人の生活支援のために購入する政府支出があります。海外との取引がないとすると、

◆**生産＝支出**（国内経済限定バージョン）
ＧＤＰ＝消費＋投資＋政府支出

のように、ＧＤＰは消費か投資、そして政府支出として購入されたと整理できます。次に、海外との取引がある場合について考えてみましょう。私たちは、自国で生まれた付加価値だけではなく海外で生まれた付加価値を輸入することができるようになる。一方で、国内で生産した付加価値を海外が購入することもあります。これは輸出ですね。ここから、

◆**生産＝支出**（海外を含む経済バージョン）
ＧＤＰ＋輸入＝消費＋投資＋政府支出＋輸出

→GDP＝消費＋投資＋政府支出＋輸出－輸入　……②

このようにGDPは国内の生産、所得、支出どこからでも求められます。複数の方法で算出できる――つまりは検算できることも、GDPの大きな魅力です。

海外を含んだ生産＝支出関係の「輸出－輸入」の部分に注目してみましょう。「輸出－輸入」は経常収支と呼ばれます。SNAが登場する以前には、一国経済の調子をみるための指標として、経常収支を使おうとしていたこともありました。しかし、経常収支が黒字だからといって、経済の調子が良いとは限りません。ここで、①と②の式を整理してみましょう。①＝②から、

消費＋税金＋貯蓄＝消費＋投資＋政府支出＋輸出－輸入

ですね。式の両辺に消費が入っていることから、

輸出－輸入＝（貯蓄－投資）＋（税収－政府支出）　……③

となることがわかります。貯蓄と投資の差額は「ISバランス」と呼ばれます、「税金－政府支出」は政府の歳入・歳出の差ですから「財政収支」ですね。この関係を用いて、経常黒字はどのような場合に生じるかを整理しましょう。③から経常黒字の要因は、

・ISバランスがプラスの場合（貯蓄が投資を上回る場合）
・財政収支がプラスの場合（財政黒字の場合）

のいずれか（または両方）であることがわかります。

将来が不安だからと国民が投資より貯蓄を優先した場合、経常黒字は大きくなりますが、景気は悪くなります。実際、バブル崩壊以降の不況期においても日本の経常収支は黒字傾向です。これは、財政赤字を補ってあまりあるほど貯蓄が投資を上回っていたためです。不況期には投資が減るため、ISバランスがプラスになりやすく、その結果、経常収支黒字が大きくなりがちです。経常収支の黒字や赤字は政治的に国際問題化しがちですが、統計上の定義としては、「ISバランスと財政収支の和」として決まっているんだと思って

おくといいでしょう。

GDPはどう決まる?

このように、GDPは一国経済で生み出された粗利(付加価値)の総額であり、生産・所得・支出のいずれの方法でも計測できます。生産と支出の関係に注目すると、②式のように、GDPは「消費+投資+政府支出+輸出-輸入」と等しくなります。しかし、この関係自体は会計上のルールを示したものにすぎません。GDPを「決める」論理はどこにあるのでしょう?

マクロ経済学では伝統的に二つの仮説が提案されてきました。

歴史的にもっとも古くからある考え方は、供給(能力)からGDPが決まるというものです。その発想の原型となったフランスの経済学者であり、政治家であるジャン＝バティスト・セイの「供給は自らの需要を創造する」(セイの法則)という発言にそのアイデアが集約されています。一国の労働人口・生産設備・技術から生産できる付加価値(GDP)の大きさは決まっており、価格調整によって現実にもその生産能力とほぼ等しいGDPが実現する。そのGDPが何に使われるかは、供給が決定してから決まると考えるのです。

いわば、先ほどの式を左辺から右辺（紙面上は上から下）への因果関係として捉えているわけですね。価格調整が最適な生産（最大のGDP）を達成するという意味で、ミクロ経済学の競争市場の分析をマクロ経済全体に当てはめていることがわかります。

これに対して、マクロの経済現象とミクロの経済現象には異なる論理があると考える経済学者も少なくありません。不完全競争や市場の失敗、さらには規制や慣習など、経済全体にはスムーズな価格調整を阻むさまざまな現実があります。価格調整が万全でないときには、「価格機構によって最大限の生産能力が実現する」とは限らないのです。

価格機構が完全ではないとき、GDPは需要に応じてつくられると考えられます。つまりは「売れる（見込みがある）からつくる」というわけです。これは先ほどの式を右辺から左辺（紙面上は下から上）への因果としてとらえるということです。マクロ経済学の祖といってよいジョン・メイナード・ケインズはこれを有効需要の原理と名付けました。セイの法則と有効需要の原理——同じ式の因果の流れを正反対にとらえています。

どちらの論理が正しいのでしょうか。その答えは、その国の経済環境によって異なります。これを、マクロ経済学の「ショートサイド原則」と呼びます。

ショートサイド原則といっても、生産能力と有効需要のうち小さいほうで現実のGDP

水準は決まるというだけの話です。どんなに注文があってもつくれないことには売り上げは増えませんし、どんなに立派な工場があっても注文やその見込みがなければ生産は行われないでしょう。

発展途上国のように生産能力が小さい国や、すでに景気が過熱していて需要に供給能力が追いついていない国では、セイの法則が成立していると考えることができます。一方で、十分に発展した経済において失業や生産設備の遊休が生じているときには、有効需要の原理に基づく経済状況の把握が求められるというわけです。

単純化すると、短期的な経済変動は需要が要因で発生することが多く、長期的な経済変動については供給側が決定要因になることが多いといわれています。このような場合分けについては批判もありますが、本書では、（現在の多くの大学でのマクロ経済学入門にあわせて）基本的に有効需要の原理から派生した需要側モデルを中心に説明を進めていくことにします。

2 産業連関表——広島カープ優勝の経済効果を知る方法

ここまで、そして次章以降も、GDPとその決定を中心に説明が進みます。しかし、GDP統計だけが国民経済計算ではありません。GDP統計のように付加価値だけに注目するのではなく、ある産業の製品がどこに使われているのかといった取引の詳細を知りたいことも多いでしょう。GDP統計で注目されるのは、あくまで付加価値の総量です。GDPだとアバウトすぎて、新たな経済政策の効果がどの産業に、どの地域に及ぶのかまでは知ることができないのです。

このような財・サービスの流れの詳細を知りたいときに役立つのが「産業連関表」です。「広島カープ優勝の経済効果が○○億円！」といったニュースをみて、「どうやって分かるんだろう？」と疑問に思ったことはありませんか。「経済効果」の算出には定番といえる技法があります。それが産業連関表を用いた試算です。

図 4-1　産業連関表

（単位：億円）

	農業	工業	消費	投資	計
農業	80	40（A）	60	20	200
工業	40①	120（B）	100②	140③	400
付加価値	80	240（C）			
計	200	400			

経済効果の計算は、以下のような手順を踏みます。

①　産業連関表を用意する。
②　産業連関表から投入産出表をつくる。
③　投入産出表から波及効果を計算する。

海外との取引がなく、政府部門も存在しない国を考えてみてください。産業分類は、農業と工業しかないとしましょう。

この国の、農業の総生産額は200億円、工業の総生産額が400億円です。合計の生産額は600億円というわけですね。

まずは表を縦方向（上から下）に読む方法から。縦方向にはその産業の製品が何から

（そのような原材料から）つくられているかが示されます。ここでは工業を例に説明しましょう。この国の工業部門は、農業製品40億円（A）と工業製品120億円（B）という合計160億円分の原材料を加工して400億円の売り上げをあげていたことがわかります。この時、工業部門の付加価値（粗利）は240億円ですね（C）。例えば牛肉40億円と調味料や加工費・輸送費120億円をかけてレトルトハンバーグを販売し、240億円の粗利を得た……といったイメージを持っていただければと思います。ちなみに農業の場合は、農業製品80億円と工業製品40億円から200億円の製品をつくっており、付加価値は80億円となっています。

横方向（左から右）は、誰がその産業の製品を購入したのかがわかるようになっています。この国の工業製品は、農業の原材料として40億円①、工業の原材料として120億円（B）使用されています。加えて消費者が100億円②分購入し、140億円③は投資用に購入されたというわけです。

次に、産業連関表をもとに、「投入産出表」をつくりましょう。これは、ある産業の生産を1増やすために、どれだけの原材料・中間投入が必要になるかを整理するものです。原材料・中間投入として用いられた部分を農業については生産額の200億円、工業につ

図 4-2　投入産出表

	農業	工業
農業	0.4	0.1
工業	0.2	0.3
付加価値	0.4	0.6

いては400億円で割りましょう。その結果、図4－2のような投入産出表が求められます。

この投入産出表を使えば、さまざまな政策の波及効果を計算することができます。あるとき、政府が農作物を100億円分買い上げたとしましょう。そのとき、100億円分農業生産は増えますね。しかし、この影響は100億円の農業生産増だけにはとどまりません。100億円の農作物をつくるためには、原材料として40億円（100×0.4）の農作物が必要です。20億円（100×0.2）分の工業製品も必要になるでしょう。これが第一次波及効果です。

この波及効果はさらに続きます。原材料として農作物の売り上げが40億円増えるということは、そのまた原材料としてさらに16億円（40×0.4）の農作物と8億円（40×0.2）の工業製品が必要となります。これが（農業に関する）第二次波及効果です。工業についても同様です。第一次波及効果の結果、工業製品の売上が20億円増加するためには、その原材料として2億円（20×0.1）の農作物と6億円（20×0.3）の工業製品が必要となり……と波及効果はどんどん広がっていきます。

このように、ひとつの産業の変化が、ほかの部門にどのくらい普及するのかを計算し、足し合わせたものを「経済効果」と呼んでいるのです。実際の産業連関表は100を超える産業分類で行われることもありますし、政府の需要や輸出輸入があるため計算は複雑になりますが、考え方は同じです。このような波及効果を足し合わせたものが「経済効果」なのです。

ここで、勘のいい方はお気づきかもしれませんが、産業連関表による経済効果の測定にはいくつか重要な前提があります。第一に、この分析は追加の需要が発生したら供給がすぐに応えられる、需要不足環境を前提にしているということです。需要が増えてもそれをつくる能力がない場合には、産業連関分析による経済測定は不可能です。第二に用いられる原材料の割合が変わらないという前提です。先ほどの図でいうと、農業生産1に対しては、いつでも工業製品が0・2必要だということを前提にしている点です。この比率は短期的には大きく変動しないかもしれませんが、長期の分析の際には問題となる仮定です。

第三に、広島カープ優勝の経済効果のように、特定のイベントについての経済効果を考えるときには、「優勝したお祝いで飲みに行く」かわりに別の支出が減っている可能性があります（ついでに言うならば、ひいきのチームの優勝を口実に飲みに行く人は優勝しなくても飲みにいくのではないでしょうか）。このような代替を考慮しないと「経済効果」は過大に推計されてしまいます。

3　統計データを読むときの注意点

マクロの経済現象を理解するためには、統計の仕組みをある程度理解しておく必要があります。ここでも経済学では、普段よく使われる言葉とは少し違った用語法を使った表現が多いので、説明を加えておきましょう。解説するのは、フローとストック、グロスとネット、名目と実質の違いです。

†フローとストックを区別しよう

GDPに限らず、データをみるときはその数字が「フローの数字か、ストックの数字か？」を意識する必要があります。フローは一定期間内の変化量で、ストックはある時点の存在量です。たとえば、お風呂で考えると、1分あたりに貯まるお湯の量がフロー、何時何分時点に浴槽に入っている水の量がストックです。また、時速100キロはフロー。東京─高崎間が100キロであるというのはストックのデータです。フローの統計には、明示されていなくても、毎時や年当たりといった単位がついています。

GDPは1年間で生み出された付加価値なので、フローの統計量です。一方で国民資産残高はある時点（2017年12月31日など）にどれだけの財産があるのかをあらわすストック統計量です。ストックとフローは直接比較できない場合があります。ピッチャーの投げた球が140キロであることと東京─高崎間が140キロであることを比べても意味がないように、神奈川県のGDP（フロー）と、石油王の資産（ストック）を比べても、経済規模が同じとはいえないのです。

†グロスとネット

また、グロス（粗）と、ネット（純）にも注意です。グロスは総額、ネットはなんらかの差し引き計算をしたあとの実質的な値を意味します。

たとえば「年商〇〇億円」と言われるのはグロスの数字です。年間に10億円売り上げがあったとしても、その10億円を生むためにはコストがかかっています。売り上げからコストを引いたものがネットの数字です。10億円の売り上げがあっても赤字の場合があるでしょう。この区別は、資産を比較する場合にとくに重要です。例えば、10億円の土地をもっている一方で、9億の借金がある人の実質的な資産（純資産）は1億円です。一方で無借金で2億円の土地をもっている人の純資産は2億円です。このように、所得や財産などの値を比べるときは、グロスの話か、ネットの話か注意をしなければなりません。

ＧＤＰはGross Domestic Productでしたね。ＧＤＰを生み出すためには生産設備が使われています。例えば、鋼鉄をつくるためには溶鉱炉が用いられますが、鉄鋼をつくればつくるほど溶鉱炉には負担がかかり老朽化していきます。鉄鋼生産によって新たな付加価値が生まれる一方で、既存の設備の価値が低下している――このような価値低下（減価償却）を差し引いていないためＧＤＰはグロスの数値であると分類されるのです。

†名目と実質

ここまでは経済に限定されないデータ把握のコツですが、経済データを見るためにはさらに、名目と実質の区別が必要となります。1975年の大卒初任給は9万円、現在は20万円くらいです。ここから、現在の新卒者は40年前の2倍以上豊かだといってよいでしょうか。直観的にも違う気がしませんか。1975年と現在では物価がまるで違います。

1975年は、現在よりも20％以上物価が低かったため、給料が半分でも、生活水準が半分だったとは言えません。このように、物価の変化を考慮した値を実質値といいます。一方、私たちが普段の生活のなかで気にしている給料や、物の値段はすべて名目値です。時間を超えた比較を行う場合、名目値だけの比較では不十分ですので、物価の影響を差し引いた実質値を見比べることがあります。

物価の推移をあらわす指標としては、消費者が購入する財の価格をベースにした消費者物価指数、同じく企業が購入する財に関する企業物価指数、国内の取引全般に関するGDPデフレーターなどがあります。

第5章

世界大恐慌から脱出するための経済学

1929年10月24日、のちに「暗黒の木曜日」と言われるその日、ウォール街は不穏な空気に包まれていました。ゼネラルモーターズの株価が大暴落したのをきっかけに、株の売り注文が止まらず、株価が大暴落。投資家は一斉に株を売り、銀行には預金を下ろす人々が殺到、事業融資を受けられなくなった企業が次々と倒産しました。アメリカの株価は80%以上も下落し、工業生産は3分の1以上も低下、失業率25%と深刻な経済危機に陥り、その影響は世界に波及しました。いわゆる世界大恐慌です。

大恐慌からの回復ままならぬ1936年、イギリスの経済学者ジョン・メイナード・ケインズは『雇用・利子および貨幣の一般理論』を発表し、多くの経済学者に衝撃を与えます。ケインズ以前の経済学（新古典派経済学）では供給が経済の決定要因であると考えられてきました。しかし、ケインズは需要の大きさがGDPを決定すると考えたのです。その理論は現在でもマクロ経済学の大きな柱になっています。本章ではケインズの理論を中心に、マクロ経済学を解説していきます。

マクロ経済学では、通常、市場を四つに分類します。

財・サービス市場……自転車や食料品、床屋などの商品やサービスが取引される市場
貨幣市場……貨幣が取引される市場
資産市場……貨幣以外の資産（債券、実物資産、土地など）の市場
労働市場……生産のために必要な労働力に関する市場

すべての取引は、この四つの市場の間で行われています。たとえば、1000円手放して（払って）チョコレートを買うとき、財市場では1000円の需要になり、貨幣市場では1000円の供給になっています。

このように四つの市場は密接に結びついているわけですが、そのすべてを同時にモデル化するのは難しいので、まずは手始めに一部の市場に注目してモデル構築を進めます。

財・サービス市場に注目して、他の市場は受け身で決まる――つまりは財・サービス市場の動向が決まるとそれに対応して変化するのみで、他の市場が財・サービス市場に影響することはないと仮定して組み立てられるのが「45度線モデル」です。図解すると45度の直線が出てくるところからその名がつきました。

次に、財・サービス市場と貨幣市場という二つの市場の動向から他の市場（つまりは資産市場と労働市場）が決まると考えるのがＩＳ－ＬＭモデルです。ＩＳ－ＬＭモデルに労働市場を加えたモデルについては第6章で取り扱います。本章では、まず45度線モデルを分析し、次に貨幣市場の動向を加えたＩＳ－ＬＭモデルを説明します。

1　財市場に注目して考える――公共事業の乗数効果

まず、財・サービス市場（以下財市場）からみていきましょう。ケインズは、財・サービス市場は二つの力からＧＤＰが決定されると考えました。

第一が「有効需要の原理」です。需要に等しいだけ供給が行われるというわけです。もともとケインズの理論は大恐慌のように「生産能力は十分あるのに経済が落ち込んでいる」という状況を打開するための方策を考えるものですから、需要不足を前提にするのはもっともな取り扱いでしょう。第二が各時点の所得に応じて各時点の消費が決定されるという「ケインズ型消費関数」です。

†所得が消費を生み、消費が所得を生む

ケインズは、消費は「基礎消費」と「所得に比例した消費」を合わせたものであると想定しました。基礎消費は人が最低限生きていくうえで必要な消費量です。まったく収入がない人でも、貯金の切り崩しや借金などによって消費を行うと考えます。もちろん永遠に所得が0であれば消費はできないことになります。ここから、ケインズの理論は比較的短期の経済変動を想定していることがわかります。

一方で、所得が増えると消費もどんどん増えていくでしょう。所得の増加のうち、何割を消費に回すのかをあらわした割合を「限界消費性向」と呼びます。たとえば、1万円所得が増えたとき8000円を消費に使う場合、限界消費性向は0・8になります。

基礎消費額が100万円、限界消費性向が0・6で所得が500万円の人は、400万

円（100万円＋500万×0・6）消費して、残りの100万円は貯蓄することになります。これを踏まえると、ケインズ型消費関数は、左のような式であらわされます。

消費＝基礎消費＋限界消費性向×所得

ここで、公共事業が行われて、政府支出が1億円増えたとしましょう。政府支出という需要が増えたわけですから、有効需要の原理にしたがって1億円分GDPが増加します。第4章でふれたように、GDPは所得とほぼ等しい値になります。限界消費性向が0・8だとすると、1億円の所得増加によって0・8億円消費が増加します。消費が0・8億円増えると、消費需要の増大により誰かの所得が0・8億円増えるため、その限界消費性向分だれかの消費が増加し、0・64億円の消費が増えます。0・64億円増えたということは、その分また消費が増加し……と、このように需要が増えることで所得が増え、また消費需要につながっていきます。この効果を足し合わせたものが政策効果の合計額となるわけです。第4章で扱った産業連関表での計算と似ていますね。

1億円の公共事業を行った場合、その効果の合計額はいくらになるでしょう、1＋0.8

図 5-1　45 度線モデルと均衡 GDP

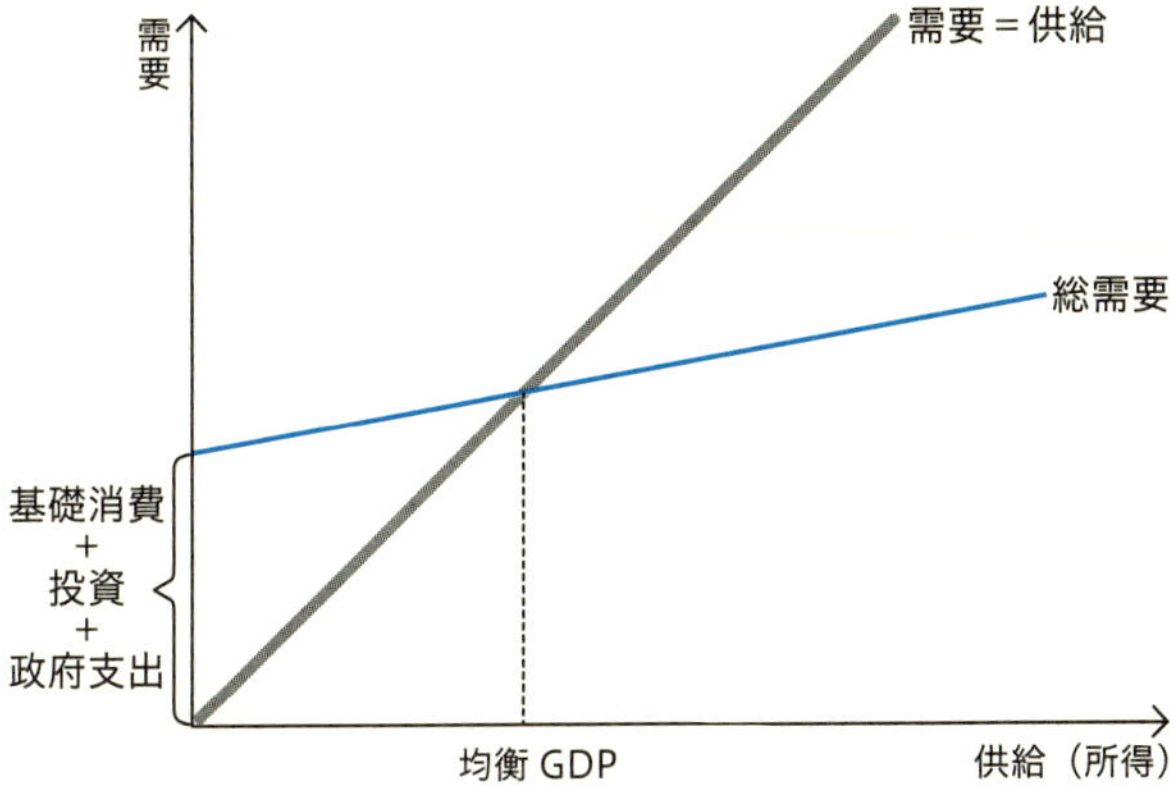

$+0.8^2+0.8^3$……となり合計で、5となります。

つまり、1億円の政府支出でGDPが5億円増大することになるのです。このように、有効需要の原理と、消費関数を通じて初期の何倍もの経済効果が得られることを「乗数効果」と呼びます。

需要＝供給の45度線

ここまでの結論を図でも解説しておきましょう。有効需要の原理とケインズ型消費関数を組み合わせてGDPが決定されるという理論は45度線モデルと呼ばれます。

第一の「タネ」である有効需要の原理は、需要と同じだけの供給が生まれるという仮説ですから、結果として経済全体での需要（総需要）と供給（総供給＝ＧＤＰ）は等しくなっているはずです。ここから、縦軸に総需要、横軸にＧＤＰを取ると、有効需要の原理は縦軸＝横軸の直線、つまりは45度線としてあらわされます。縦軸（総需要）が横軸（ＧＤＰ）を決める関係が有効需要の原理であり、それが図の上で45度の直線になるから45度線モデルというわけです。

一方でケインズ型消費関数は、所得（＝総供給）から消費が決定するという関係ですね。経済全体の需要のうち、基礎消費・投資・政府支出等はひとまずモデルの外で決まっているとしましょう。このように、今考えているモデルとは違う理屈で決まっていると想定される変数を外生変数と呼びます。今考えているモデルで「ＧＤＰから決まる需要」は、外生変数である「基礎消費・投資・政府支出」に、ＧＤＰに比例して増加する消費を足したものになります。式で書くならば、

総需要 ＝ 基礎消費 ＋ 投資 ＋ 政府支出 ＋ 限界消費性向 × ＧＤＰ

というわけです。これを図示すると、図5－1のように切片が「基礎消費＋投資＋政府支出」で、傾きが限界消費性向の直線となります。

有効需要の原理とケインズ型消費関数を同時に満たすGDPは、この二つの関係を図示した2つの直線の交点になります。このようにして、GDPが決定されると考えるのが財・サービス市場のみに注目する45度線モデルの考え方です。外生変数である基礎消費、投資、政府支出などが変化したとき、この交点のGDPがどのように変化するかを求めることで、政策などの効果を予想するわけです。

2 IS - LMモデル――財市場と貨幣市場を分析する便利なツール

このように、財・サービス市場を見るだけでも、政府支出にどのくらいの効果があるのか分析することができます。しかし、実際の景気変動において、大きな役割を果たすのは投資です。投資を分析対象とせず外生変数としている45度線モデルは景気循環の主役を「モデルとは別の理屈で決まっている」と考えるわけですから、景気を理解するためのモデルとしては失格です。

投資はどのように決まるのでしょうか。どれだけの投資が行われるのか、投資資金の借り入れコストである利子率を無視して語ることはできません。利子率は財市場ではなく、貨幣市場で決定されます。だからこそ、財・サービス市場（財市場）だけに限定された理論である45度線モデルではなく、貨幣市場も同時に考えるIS-LMモデルが必要となるのです。IS-LM分析では、縦軸に利子率、横軸にGDPをとり、財市場をあらわすIS曲線と、貨幣市場をあらわすLM曲線を描きます。それぞれの市場で利子率とGDPがどのように関係するのか考えてみましょう。

†財市場に関するIS曲線

IS曲線は財市場において需要と供給が一致するときの利子率とGDPの組み合わせです。ひとまず海外部門を省略すると、財市場の需要は、消費＋投資＋政府支出に分解できます。消費については、先ほど解説したケインズ型消費関数で説明されます。一方で、政府支出は政府が決める変数なので引き続き外生変数（モデルで説明されない変数）であるとしましょう。一方、投資は利子率によって左右されます。

新しい機械や設備、建物を購入するか否かという投資活動を左右するのは利子率です。借金をして投資を行うという場合に、利子率が投資を左右することはいわずもがなでしょう。利子率が高ければ、いま借り入れを行うコストが高くなるため、投資は減少します。手元に十分な資金がある場合も例外ではありません。余裕資金で国債を買っておけばリスクを取らずとも利子率分のお金を得ることができるという状況を考えてください。高金利の時には設備に投資するよりも金融資産を購入したほうが、つまりは貯蓄のほうが得だということになるでしょう。ここから、投資によって得られる利益が利子を（一定以上）超えるような場合にのみ、投資が行われることになります。

利子率が高ければ投資が少なくなり、利子率が低いと投資が多くなります。投資が減るとGDPは小さく、投資が増えると有効需要の原理にしたがって総供給であるGDPが増える。ここから、財市場を均衡させる利子率のGDPの組み合わせは図5－2のような右下がりの曲線としてあらわされます。これがIS曲線です。

IS曲線は基礎消費や政府支出といった需要項目の変化によって影響を受けます。たとえば、基礎消費や政府支出が大きくなると、利子率が一定ならば、有効需要の原理を通じて、GDPは高くなるでしょう。つまり、基礎消費や政府支出が増加するとIS曲線は右にシフト（平行移動）するのです。逆に基礎消費や政府支出が減少した場合は、有効需要の原理を通じてGDPは低くなるためIS曲線は左にシフトすることになります。

図 5-2　右下がりの IS 曲線

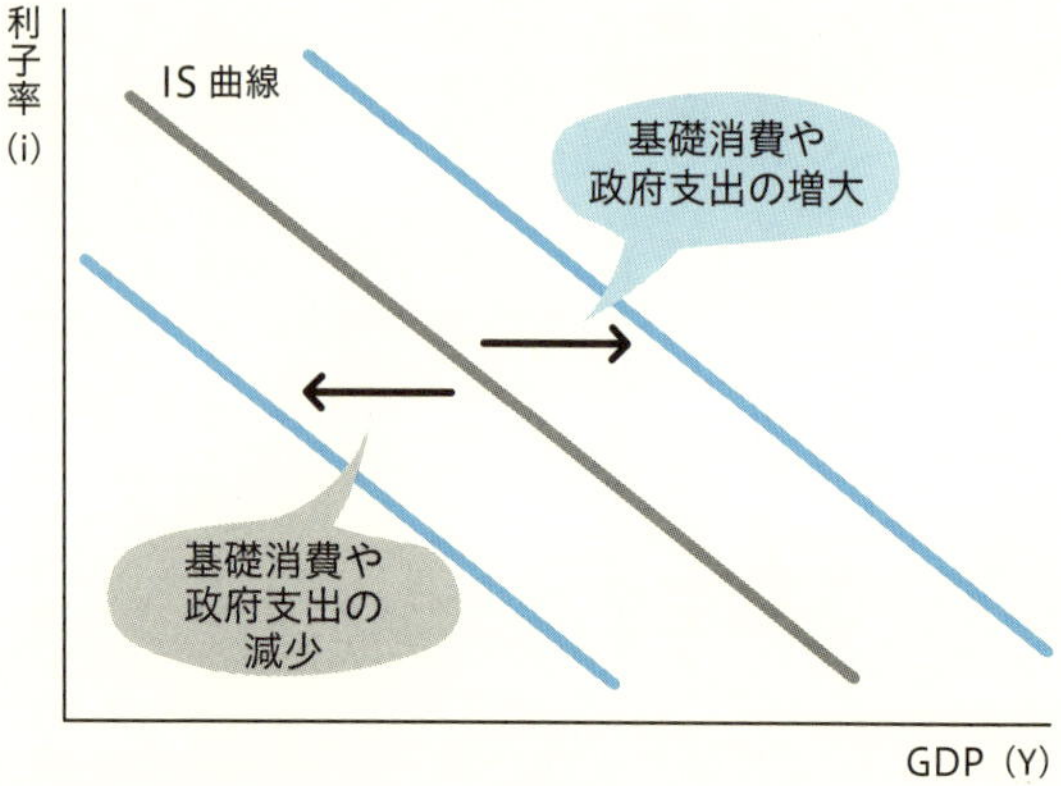

†LM曲線が示す貨幣市場の均衡

一方のLM曲線は、貨幣市場で需要と供給が一致する利子率とGDPとの組み合わせです。なお、経済理論や経済統計では現金だけではなく、現金にすぐ変えることができて、各種の引き落としなどに利用できる預金も貨幣であると考えます。その詳細は本章第3節で学ぶことにして、貨幣市場における供給量（マネーサプライ、マネーストックと呼ばれます）は中央銀行がコントロールしていると仮定しましょう。日本の中央銀行は日本銀行、アメリカの中央銀行はFRBです。貨幣供給は中央銀行が決めているわけですから、貨幣需要がわかれば貨幣市場の需給を一致させる関係――ＬＭ曲線が求められるということになります。

貨幣への需要はどのように決まるのか――言い換えると、人々はなぜ貨幣をもとうとするのでしょう。

人が貨幣をもつ第一の理由は、貨幣でないと買い物ができないからです。取引のためには現金か、後の引き落としで決済するとしても預金という貨幣が必要です。このような貨幣需要を「取引需要」と呼びます。ＧＤＰが増えるということは沢山の取引が行われるということですから、その決済のための貨幣需要は増えることになります。

ＬＭ曲線を導くもうひとつのキーが、貨幣の「投機的需要」です。マクロ経済学では単純化のために資産を「貨幣」と「その他資産」に分けています。その他資産は大まかに貨幣ではない資産の総称、国債・社債、株や土地と考えておいてください。

貨幣（現預金）をもっていてもほとんど利子はつきませんが、すぐに使うことができます。一方で、その他の資産は貨幣よりは高い利回りが期待できますが、そのままでは買い物に使えませんし、値下がりによって損をするリスクがあるのです。このような状況のなかで人々は、一長一短ある貨幣と債券をどれだけもつのか選択します。

その他資産の内容は国債・株・投資信託などさまざまですが、その利回りは相対的に最も安全な資産である国債の利回り（利子率）に連動することが多いため、以下では国債の利回りを代表的な（貨幣以外の）資産の収益率、つまりは利子率として説明します。

利子率が高いときには、国債をもっていると高い利子が得られることになりますから、貨幣以外の資産の需要は大きくなります。その結果、貨幣の需要は低下するでしょう。利子率が下がると、債券をもっていてもたいした利子はつかないので、ひとまずは貨幣でもっておく――という需要が増加します。

この関係を先ほどと同様に縦軸に利子率、横軸にGDPを取った平面に示すとどうなるでしょう。貨幣供給量が一定の状態でGDPが増えると、取引のための貨幣需要が増大してしまうため、需要と供給は一致しなくなります。貨幣市場の均衡が維持されるためには金利上昇によって投機的な貨幣需要が減少し、超過需要が解消される必要があります。一方で金利が下がった場合には、貨幣の投機的需要に基づいて貨幣需要が増大するため、GDPが低下して取引需要が少なくならないとこれまた需給が一致しません。

ここから、一定の貨幣供給量において貨幣の需要と供給を一致させる利子率とGDPの関係――つまりはLM曲線は図のような右上がりの関係になるでしょう。

LM曲線はどのようなときにシフトするのでしょうか。金融緩和が行われてマネーの量

図 5-3　右上がりの LM 曲線

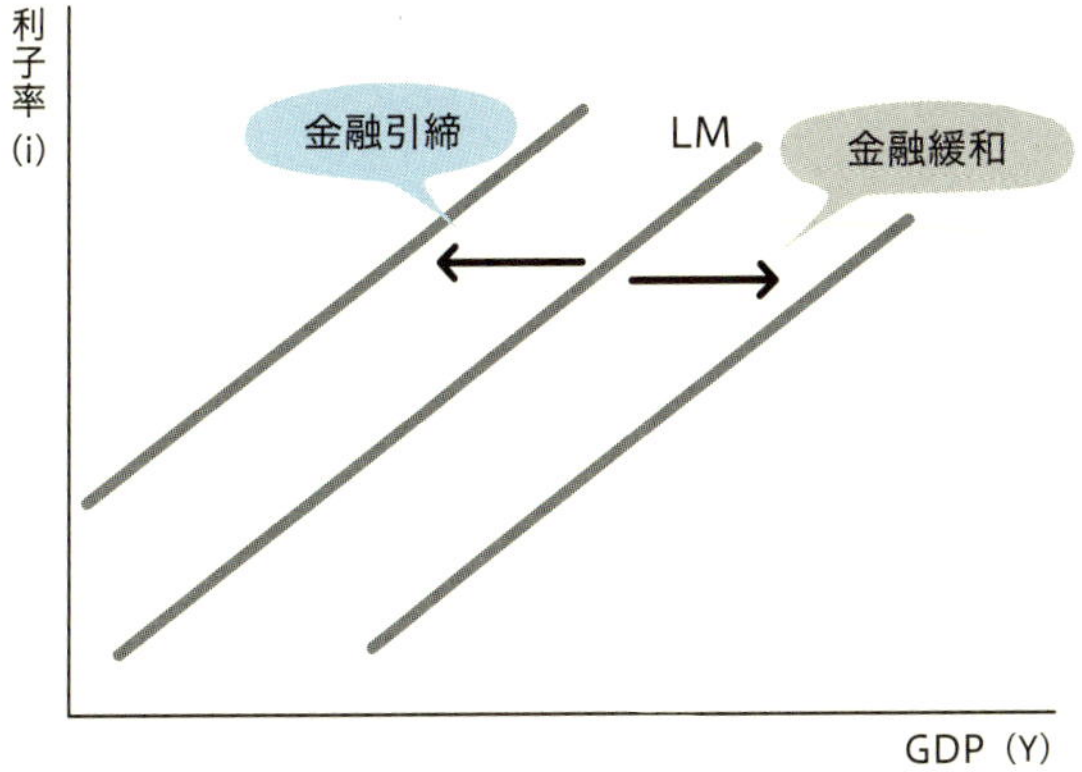

が増大したとき、利子率とGDPがそのままの水準では「需要は今まで通りで供給だけが増えた」状態になるため、貨幣市場の需給は均衡しなくなります。このとき、貨幣供給の増加に合わせて需要が増加するためには、GDPが大きくなることで取引需要が大きいか、利子率が下がることで投機的需要が増大するかのいずれか（または両方）が生じる必要があるでしょう。

仮に利子率が一定ならば、貨幣市場の需要と供給が一致するためには、これまでよりGDPは大きくなければいけない。そのため、金融緩和によって貨幣供給が増えると、LM曲線は右方向にシフトすることになるのです。同様の理由で、貨幣の供給量を減らす金融引締が行われると、ＬＭ曲線は左シフトすることになります。

†ＩＳ－ＬＭモデルからわかること

ＩＳ曲線と、ＬＭ曲線が導出されました。ＩＳ曲線とＬＭ曲線の交点では、財市場と貨幣市場で需要と供給が一致しているという意味で経済は安定的な状況にあります。

財市場が不均衡――例えば、供給が需要よりも大きい場合には需要不足による売れ残りが生じます。このとき、企業は生産量を減らして対応することになります。その結果、供給減によって供給＝需要の状態（ＩＳ曲線上のどこか）に至るでしょう。供給よりも需要が大きい場合も同様です。供給を上回る需要に対して企業は増産で対応する結果、経済はＩＳ曲線上のどこかに引き戻されるというわけです。

貨幣市場の不均衡についても同様に考えることができます。貨幣需要が貨幣供給よりも多いと、みなが手元に貨幣をもとうとするためお金を貸す人は少なく、借りたい人は多い状態になります。このとき利子率は上昇するでしょう。利子率が上昇すると貨幣の投機的需要は減少します。このような調整により、経済は貨幣市場が均衡している状態（ＬＭ曲線上のどこか）に向かうわけです。

このようにして、ごく短期の不均衡を除くと、経済は両曲線の交点に向かっていくと考えられます。ここから、ＩＳ曲線とＬＭ曲線の交点でどのようなＧＤＰが達成されるかを調べることで、経済政策の効果を知ることができるのです。

不況期からの脱出のためにＧＤＰを引き上げる――このようなマクロ経済政策は、ＩＳ曲線をシフトさせる財政政策と、ＬＭ曲線をシフトさせる金融政策に大別されます。

まず、財政政策の効果を考えてみましょう。ここでは、公共事業を増加させることで直接政府による需要を増やしたケースを例に説明していきます。減税などによって消費需要を刺激する場合についても以下の説明は質的には同じものになります。このような拡張的な財政政策によって、ＩＳ曲線は右側にシフトします。

仮に利子率が一定ならば、増加した政府支出の乗数倍のＧＤＰ上昇がおきます。しかし、政府支出の拡大によって、ＧＤＰが政府支出の増加幅×乗数分だけ増加しただけのＢ点は、ＬＭ線上の点ではありません。貨幣市場が均衡するＬＭ曲線上に比べて、ＧＤＰが高すぎるのです。ＧＤＰが大きいと貨幣の取引需要が大きくなります。貨幣需要が大きいということは人々が貨幣を手元に置きたいと考えている状況ですから、お金を貸す（手放す）人は少なく、お金を借りたい人が多くなります。その結果、利子率は上昇することになる。

図 5-4　拡張的な財政政策

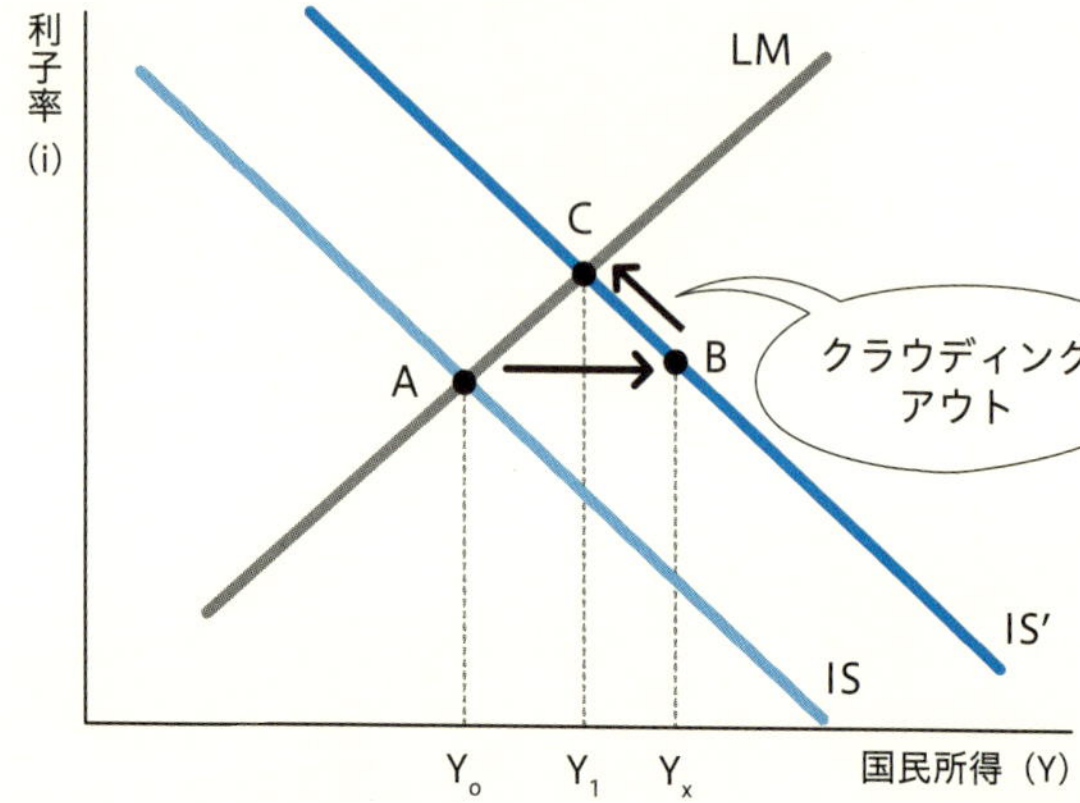

利子率が高くなると投資は減少します。投資が減少した結果、GDPの「政府支出の増加幅×乗数分」よりは小さくなるのです。

このような利子率の上昇は、新たな均衡点C点に至るまで続きます。財市場だけをみると、Y_0からY_xの効果があるように思われますが、貨幣市場において金利があがる効果を考えると財政政策の効果はY_1-Y_0に抑えられてしまうのです。政府支出の増加は、財市場での乗数効果を通じたGDP引き上げ効果と貨幣市場での利子率上昇による投資抑制（結果としてGDP抑制）という二つの効果をもちます。**金利上昇によって財政政策の効果が一部抑制される現象をクラウディングアウト**と呼びます。

†財政政策はどんなときに有効か

財政政策の効果は主に二つの要因で決まります。ひとつめが乗数効果の大きさです。大きくIS曲線を変化させる財政政策ほど、GDPを引き上げる効果は大きくなります。乗数効果は所得増が消費増につながり、消費増が所得増につながるというロジックで発生します。すると限界消費性向が高い経済では、乗数効果が大きくなるため財政政策の有効性は高くなるでしょう。また、減税や補助金の給付を消費性向の高い低所得者層に集中的に行うことで財政政策の効果を高めるといった工夫も考えられるでしょう。

財政政策の効果を決める第二の要因が、LM曲線の形状です。LM曲線が垂直に近いとき、IS曲線がシフトしても利子率が上昇するばかりでGDPはそれほど増えません。財政政策の影響の多くが利子率上昇によってクラウディングアウトされてしまうのです。その反対に、経済状況が多少変化しても利子率がほとんど上がらない状況――つまりはLM曲線が水平に近い場合にはクラウディングアウトは小さくなるため、財政政策の効果は大きくなるでしょう。

一方の、金融政策の効果は利子率の低下がどの程度投資を刺激するかにかかっています。

利子率が低下すると、大きく投資が増加する（その結果としてYが大きく動く）場合――つまりは、IS曲線が水平に近いほど金融政策の影響力は大きくなります。

1930年代に誕生したIS－LMモデルですが、1990年代以降の日本経済を説明するために再度脚光を浴びます。なかでも注目をあつめたのが「流動性の罠」の議論です。日本の利子率は非常に低く、これ以上大きくは下がりようがないという状況です。これ以上利子率が下がりようがない状況ということはLM曲線は水平になっている。その状態のまま金融政策を行っても、金利低下による投資の増大は生じないわけですから、金融政策による景気刺激の効果はないわけです。一方で、財政政策の効果は非常に大きくなります。LM曲線が水平であるため、クラウディングアウトが生じないのです。図5－5のなかで、IS曲線のシフトが金利上昇をもたらさないことを確認してください。

ただし、このようなIS－LMモデルに基づく財政政策の効果分析には疑問も呈されています。IS曲線の分析によると、財政支出が行われると、有効需要の原理を経て、GDPが増加し、その結果消費が増加し、IS曲線が右にシフトします。その結果、クラウディングアウトはあるもののGDPは増大すると説明してきました。しかし、財政政策がいつでもこのような影響力をもつとは限りません。

図 5-5　流動性の罠

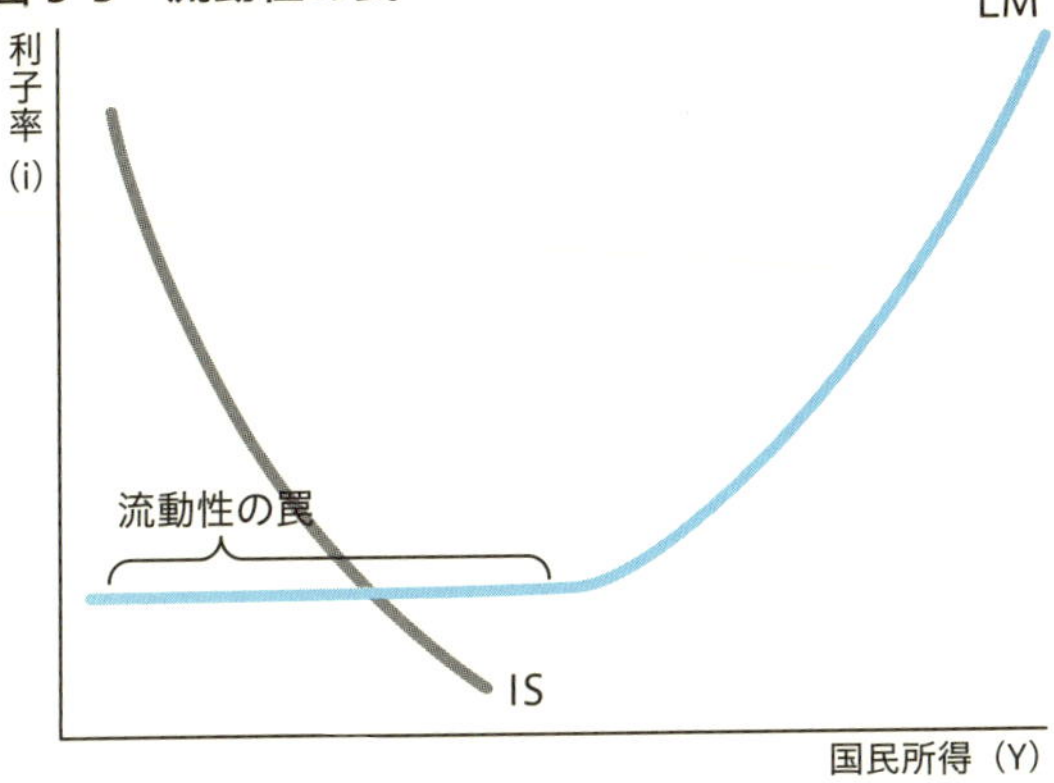

第一に、乗数効果は永遠なのかという問題です。そもそも有効需要の原理が成り立つのは、需要不足の時だけです。マクロの経済は有効需要と供給能力の小さい方から決まります。しかし、供給能力がそもそも低いならば、需要を増やしても経済はすぐに供給能力の壁に到達します。

供給能力、または潜在ＧＤＰの限界近くで推移している経済において、１兆円分政府支出が行われると、政府が１兆円分財・サービスを「買ってしまった」ために民間が財・サービスを「買えなくなる」という事態が生じるかもしれません。このように、ＩＳ－ＬＭモデルに基づく分析は、あくまで供給能力よりも実際の経済が下回っている環境でしか使うことができないと指摘されます。

第二の批判は、財政政策は本当に消費を刺激するのかという問題です。ケインズ型消費関数では、消費はその年（または月）の所得から決まると仮定しました。しかし私たちの消費行動は、むしろ自分自身の将来の予想所得によって決定されているという主張もあります。生涯に稼ぐ額を予想し、それを各年に割り振って消費額を決めている（ライフサイクル仮説）。または、自分にとっての平均的な所得によって決定されている（恒常所得仮説）のかもしれません。あるとき1年限りの政府支出の拡大によって所得が増えたとしても、一生涯の所得が増えるとか、平均的な所得が上昇するとは限らないでしょう。ある年だけ10万円所得が増えても、他の年で所得が変わらないならば、その消費刺激効果は小さいと考えられます。

さらには、財政支出が政府の借金によって行われる場合、現時点での政府支出拡大は将来の増税につながると考える人もいるでしょう。「今年10万円あげるけど、5年後10万円増税するよ」と言われた国民の消費は刺激されず、IS曲線のシフトはきわめて小さくなることが予想されます。このような考え方は中立命題と呼ばれ、財政の拡大が将来の増税を強く予想させるものであるほどその効果は小さくなると主張されます。

3　中央銀行の役割と金融政策の有効性

ＩＳ－ＬＭモデルでは、これ以上利子率は下がりようがない流動性の罠の下では金融政策は無効であると結論されます。しかし、リーマンショック後には多くの先進国が金利が歴史的な低水準にあっても金融緩和を拡大し、一定の効果を上げました。日本においても２０１２年に誕生した安倍政権はその経済政策の「第一の矢」として大胆な金融政策を掲げ、為替・株価・雇用の改善をもたらしています。また、日本初となるマイナス金利の導入が２０１７年の１月に発表されるなど、今や金融政策を知らずして経済を語ることが難しくなっています。なぜ近年の世界経済では経済政策の柱として金融政策が用いられたのでしょう。この節では貨幣市場と金融政策についてもう少し詳しく解説していきたいと思います。

中央銀行による間接的なコントロール

前節では貨幣供給量は中央銀行が決定すると仮定しましたが、これは説明上の方便です。貨幣（現金＋預金）のうち現金の発行高は中央銀行が決定できますが、預金の総量は民間の経済活動によって決まってきます。

預金の総量はどのように決まるのでしょう。預金の量は貸出で決まります——というと奇異に聞こえるかもしれませんね。これを理解するためには、銀行業とは何をするビジネスなのかを改めて考える必要があります。銀行とは預金者から預金を預かり、それを他の誰かに貸し出すことで利ざやを稼ぐビジネスです。

ある人が銀行に１００万円預金したとしましょう。銀行は、その一部を手元に置いて、残りのほとんどを貸出にまわします。このとき、貸出にまわされない資金を準備と呼びます。たとえば預金の9割を貸出に回す（準備率10％）場合、１００万の預金から90万円の貸出が行われます。このとき、貸出をうけた企業（や家計）は90万円の現金か預金を保有することになりますね。そのとき、もとの１００万円の預金はそのまま存在しているのに、新たに別の90万円のマネーが生まれています。

90万円の貸出をうけた企業、同じことですが90万円借金した企業はそれを何かへの支払いに充てるでしょう。この90万円が他のどこかの企業の預金口座に振り込まれたとき、その預金からまた貸出が生まれることになります。このようにして、新たな預金はその何倍もの貨幣をつくるのです。これを信用創造・貨幣創造といいます。貸出がマネーを生むわけですから、活発に貸出が行われる時には貨幣の総量（マネーサプライ、貨幣供給量）は大きくなり、消極的にしか行われないときには小さくなります。

中央銀行が貨幣量をコントロールするためには、この信用創造プロセスに働きかける必要があります。金融緩和を行う（貨幣量を増やす）ためには貸出による信用創造が活発に行われるように誘導し、金融引締（貨幣量を減らす）には各銀行が貸出に消極的になるようなハードルを設けるという具合です。

このような刺激や歯止めは預金準備制度を用いて行われます。現代の銀行制度においては、一般の銀行は預金の一定割合を中央銀行に預け入れる義務があります。日本の場合、各銀行は日本銀行に当座預金口座をもち、この口座の残高を自行に預け入れされている「預金総額×法定準備率」よりも高く維持しなければなりません。

通常、この日銀当座預金のような準備預金には金利がつかないため、一般の銀行は準備預金を最小限にとどめておきたいと考えます。その一方で、必要準備が不足した場合には、各銀行は他行から借り入れをして必要な日銀当座預金残高を維持しなければなりません。準備預金を抑えたいという欲求と必要な準備額を下回ることのリスクを比較しながら銀行は貸出態度を決定します。

活発に貸出を行う、つまりはあまり準備をもたないで経営をしていると、日銀に預け入れる資金――必要準備に不足が生じる可能性が高まります。このとき、銀行は他行から資金を借りることで必要準備を満たします。このような銀行間での貸借の金利をコールレートと呼びます。コールレートが高い場合には、「もし必要準備に不足が生じたら大変だ」と考えるため各行は貸出に消極的になるでしょう。一方で、コールレートが低い場合には「足りなくなっても低利で借りられるから気にしない」と貸出態度は積極化し、その結果としてマネーは増加します。

中央銀行は一般行との間で国債などの債券を売買すること――いわゆる債券オペレーションによって、コールレートをコントロールしています。

まずは金融緩和の手段である「買いオペ」からみていきましょう。日本銀行が国内の各銀行から国債を買い入れると、その代金は各行の日銀当座預金口座に振込まれます。この振込によって、各行の日銀当座預金残高は増加する――つまりは十分な準備をもっている銀行が増えるということになるのです。準備不足で借り入れを行いたい銀行が減り、準備が過剰なのでほかの銀行に貸したいという銀行が増加します。すると、借りたい人より貸したい人が多いわけですから銀行間の貸借の金利であるコールレートは低下することになるでしょう。金利が低いと、いざ準備不足になったとしても、それほどコストをかけずに、準備不足の穴埋めができるわけですから、各銀行は貸出に積極的になります。積極的に貸し出しが行われれば、貨幣（現金＋預金）の量は増大します。

一方で、金融引締は、「売りオペ」によって行われます。日本銀行が手持ちの国債などを各銀行に販売すると、代金は各銀行の口座から引き落とされます。各行の日銀当座預金口座の残高が減るということは準備に余裕のある銀行が減少するということです。すると、必要準備を満たすために借りたい銀行が増え、貸したい銀行が減る。その結果、コールレートが上昇します。いざ準備不足に陥ったときに高い金利で借りなければいけないため、各銀行は貸出に慎重になる。その結果、貨幣の量は縮小することになります。

このようにマネーサプライそのものを中央銀行が決定するのではなく、銀行間の貸し借りにおける金利を売りオペ、買いオペでコントロールすることを通じて、貸し出し行動を変化させ、結果としてマネーサプライの量をコントロールしているのです。

非伝統的金融政策とは何か

ゼロ金利政策とは、この銀行間貸借の金利であるコールレートがゼロになるように買いオペを続けるという政策です。一方でマイナス金利政策は各銀行が当座預金口座に預け入れる際に適応される金利を一部マイナスにするという政策です。つまり、われわれ一般預金者の預金金利がマイナスになったり、住宅ローンの金利がゼロになる話ではないのでご注意ください。

金利がゼロに限りなく近づいていくと、流動性の罠が生じます。流動性の罠の状況では金融政策は無効であり、財政政策は有効であるのがＩＳ－ＬＭモデルからわかりましたね。しかし、現在では流動性の罠のもとで行われる金融政策にも一定の効果があるという考え方が主流になりつつあります。もちろん、金利がこれ以上下がらないためＩＳ－ＬＭモデルで描かれるようなロジックで景気が回復することはありません。流動性の罠の下での金融緩和はこれまでとは異なる手法が必要です。このような金融政策の新手法は非伝統的金融政策と呼ばれます。

流動性の罠のもとで金融政策を行う第一のツールは、「ゼロ金利政策の時間軸効果」です。銀行の貸し出し行動を左右するのは、「いざ準備不足がおきてしまったときに、どのくらいのコールレートでその穴埋めをできるのか」でした。しかし、よく考えてみてください。準備不足が生じるのは現在ではなく、将来のこと。重要なのは、今現在のコールレートではなく、景気が良くなって貸し出しを活発化させたときのコールレートなのです。

中央銀行としては、コールレートが0になるまで買いオペを行い、コールレートが0の状態が十分長い時間存在すると市場にアナウンスすることで貸し出しを刺激することができます。今後5年間ゼロ金利であるならば、5年以内であれば、準備不足が発生しても金利負担0でその穴埋めができることになります。すると銀行は5年以内が期限の貸し出しのリスクは低下したとして貸し出しを増やす――その結果貨幣供給量も増加するということになるでしょう。このように「将来にわたって長期にゼロ金利を続ける」というアナウンスが信頼されるならば、流動性の罠においてもゼロ金利政策を活用することで、金融政策による経済刺激が可能になります。

しかしながら、アナウンス（口約束）だけでみなが信じてくれるほど世の中は甘くありません。「アナウンス」を民間に信用してもらうための仕組みが量的緩和やインフレーシヨンターゲットと呼ばれる、先進国の多くの中央銀行が活用する手法です。

銀行間の貸借金利であるコールレートが0になるまで買いオペを続けるのがゼロ金利政策です。では、コールレートが0――つまりは他行に貸したい銀行はいるが、借りたい銀行はないという状況になってもさらに買いオペ（国債等を買い取って各行の日銀当座預金口座にその代金を振り込む）を続けるとどうなるでしょう。ほとんどの銀行が、必要準備額以上の当座預金残高をもつことになります。これを超過準備と言います。

各銀行が必要準備を超える準備預金を持っている限り、借りたい銀行がないわけですからコールレートは上がりません。量的緩和が行われた後には、いざ景気がよくなって、金融引き締めを行おうとしても、各行の超過準備分がなくなるまで、お金を借りたい銀行があらわれず――金利を引き上げるには、かなりの時間を要することになります。超過準備を大量に積ませることによって、金利を引き上げにくい状況をつくる。それによってゼロ金利政策が長く続くことへの信用を高めているのです。必要以上の準備預金であることから超過準備は時に「ブタ積み」と呼ばれることがありますが、必要以上であることが「長期にわたってゼロ金利を維持する」というアナウンスメントの効果を強めるのです。

中央銀行によるアナウンスを強める方法は量的緩和だけではありません。その一つの方法がインフレーションターゲットです。インフレーションターゲットは中央銀行、または政府と中央銀行が共同で「目標とするインフレ率」「望ましいインフレ率」をアナウンスすることで、民間の金融政策の予想に働きかける政策です。例えば、「2％以上、3％未満のインフレ率を目標にしている」と政府・中央銀行が公表すると、銀行や民間企業は「インフレ率が1％後半になるまでは（量的緩和の縮小やゼロ金利解除などの）金融引き締めは行われないだろう」との予想が形成されるというわけです。

また、近年ではインフレーションターゲットにかわって、名目GDPターゲットによって時間軸効果を補強しようとする提案も行われています。経済の名目GDP成長率が3％を超えるまで、または名目GDPが600兆円を超えるまでといった具体的な数字を設定し、そこまで量的緩和することで、より長期にわたってゼロ金利状態が続くであろうと民間に予想させるのです。

ただし、インフレーションターゲットや名目GDP目標もともに「口先で言っただけ」では効果は薄いでしょう。そのため、中央銀行が公表した目標の達成に責任をもつといった法整備、政府との共同宣言といった手法で発言の信憑性を高める工夫が必要であると考えられます。

非伝統的金融政策のなかでも、比較的新しい政策手法がマイナス金利政策です。マイナス金利と聞くとゼロ金利政策の強化版のように感じられるかもしれませんが、両政策の影響経路は少々異なります。

第一に、ゼロ金利政策によってゼロになるのは銀行間の短期貸借の際の金利であるコールレートなのに対し、マイナス金利政策によってマイナスになるのは各銀行の日銀当座預金（の一部）に適用される金利です。マイナス金利政策よって、各銀行の超過準備が一定以上大きくなると、預けていると目減りするというペナルティが科せられるようになるのです。

次に、ゼロ金利政策は積極的な貸し出しによって準備不足がおきた際のペナルティを「低く抑える」ことで貸出を増加させる政策なのに対し、マイナス金利政策は買いオペによって増加した各銀行の日銀当座預金を貸し出しにまわさないでそのまま日銀に預けたままにしておくことのペナルティを「大きくする」ことで貸し出しを増加させようという政策です。両政策とも貸し出し増加、その結果としてのマネーの増加（金融緩和）を目指した政策ですが、その刺激の方法が異なっているのです。

当座預金口座の残高を必要以上に拡大することで時間軸効果を高めようとする量的緩和

政策と、すぐ使わせようとするマイナス金利政策はときに矛盾していると批判されることがあります。

第6章 失業とインフレーション——経済学の二大目標に「折り合い」をつける

　財市場と貨幣市場を同時に分析したIS-LMモデルは、その簡便さもあって、経済政策分析の基本ツールとなりました。1960年代には、ケインズ理論によって長期不況は過去の問題となったと考えるエコノミストも少なくなかったようです。しかし、60年代末から70年代になると、ケインズ政策のいわば副作用ともいうべきインフレーション問題が各国を悩ますようになりました。古くからインフレーションの抑制と、失業率の低下は経済の2大目標と呼ばれます。財政政策や金融政策をフル稼働させて失業を抑えると、インフレという問題を解決できなくなってしまう。経済政策の二大目標は「あっちをたてればこっちがたたず」というトレードオフ問題をはらんでいるのです。

　しかし、IS-LMモデルでは、労働市場や物価について明確な取り扱いを避けていますした。これではインフレーションの問題を取り扱うことができません。そのため、マクロ市場の三つ目の市場、労働市場を明確に取り扱うことで物価の変化を扱うことができるモデルが求められるようになります。

失業とインフレーションの問題は、70年代以降のマクロ経済論争の花形でした。失業とインフレの関係を示す「フィリップス曲線」の解釈によって、ケインズ派（ケインジアン）と新古典派が激しく対立することになります。

1　失業とインフレーション――フィリップス曲線の二つの解釈

失業とインフレーションの関係を考える出発点となったのが1958年に発表されたフィリップス曲線です。オリジナルの論文は、1861〜1957年のイギリスにおいて、名目賃金（賃金額そのもの）の上昇率と、失業率に逆相関関係が存在することをあらわすものです。失業率が低いほうが賃金が上がりやすいという関係は、それほど不思議なものではありません。一方で、名目賃金の上昇率とインフレ率の連動性が高いことから、フィリップス曲線は失業とインフレ率の関係をあらわすものとして注目されます。縦軸にインフレ率、横軸に失業率をとると図6－1のようなフィリップス曲線が描かれます。

フィリップス曲線はインフレ率が高いと失業率が低く、失業率が高いとインフレ率が低いというトレードオフ関係をあらわします。なぜこのような関係が生じるのでしょうか。第一の仮説は賃金の下方硬直性にその原因を求めるものです。労働市場における需要曲線と供給曲線が図6－2のようになっているとしましょう。

企業側（労働需要側）から考えていきましょう。労働市場の需給は賃金の額（名目賃金W）を物価で割った実質賃金から決まります。実質賃金が高いとき、企業はなるべく人を雇わないようにするでしょう。機械を導入したり、リストラを行い雇用を切り詰めます。一方で、実質賃金が低いならば企業は機械化に慎重になるでしょうし、賃金が低いからこそ採算が取れるビジネスが生まれることで労働需要は多くなります。ここから労働需要曲線は、図中のように右下がりとなります。

一方で、労働供給を決めるのは労働者です。実質賃金が低いと、残業に消極的な人が増えます。働くこと自体をやめて自宅で家事に励む人が増えるかもしれません。その一方で実質賃金が高ければ、残業をしよう、働こうといった人が増加するでしょう。その結果労

図 6-1　フィリップス曲線

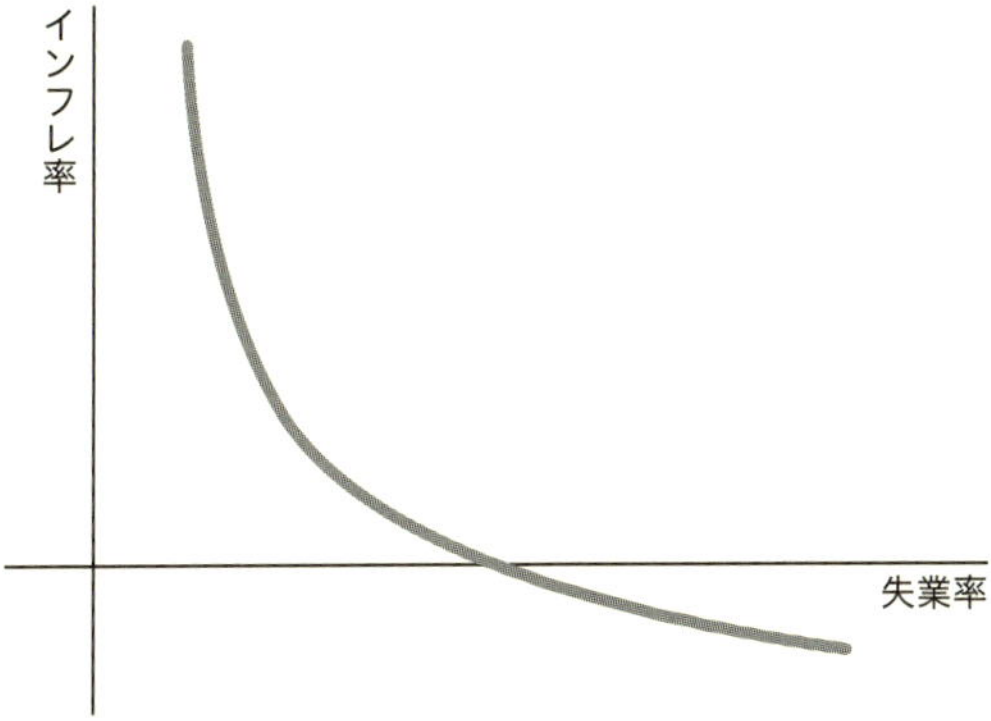

働供給曲線は右上がりの形状を取ると考えられます。

もっとも、国内で働く能力がある人全員がめいっぱい働いている状況以上に雇用が増えるのは不可能です。そこで、図のように一定水準よりも労働供給は増えないと考えられるわけです。

このとき、労働需要曲線と労働供給曲線の交点で雇用量が決定されていたならば、その賃金で働く意志のある人は全員働くことができ、その賃金で雇いたいと考えている企業は十分な人材を雇えていることになる。このような状況（L_0）を完全雇用と呼びます。完全雇用下では、非自発的な失業は存在しません。完全雇用時の失業——現在の賃金水準では、働きたくないと考えているために失業している図中のU_wにあたる人たちは「自発的

図 6-2　労働市場での需給均衡

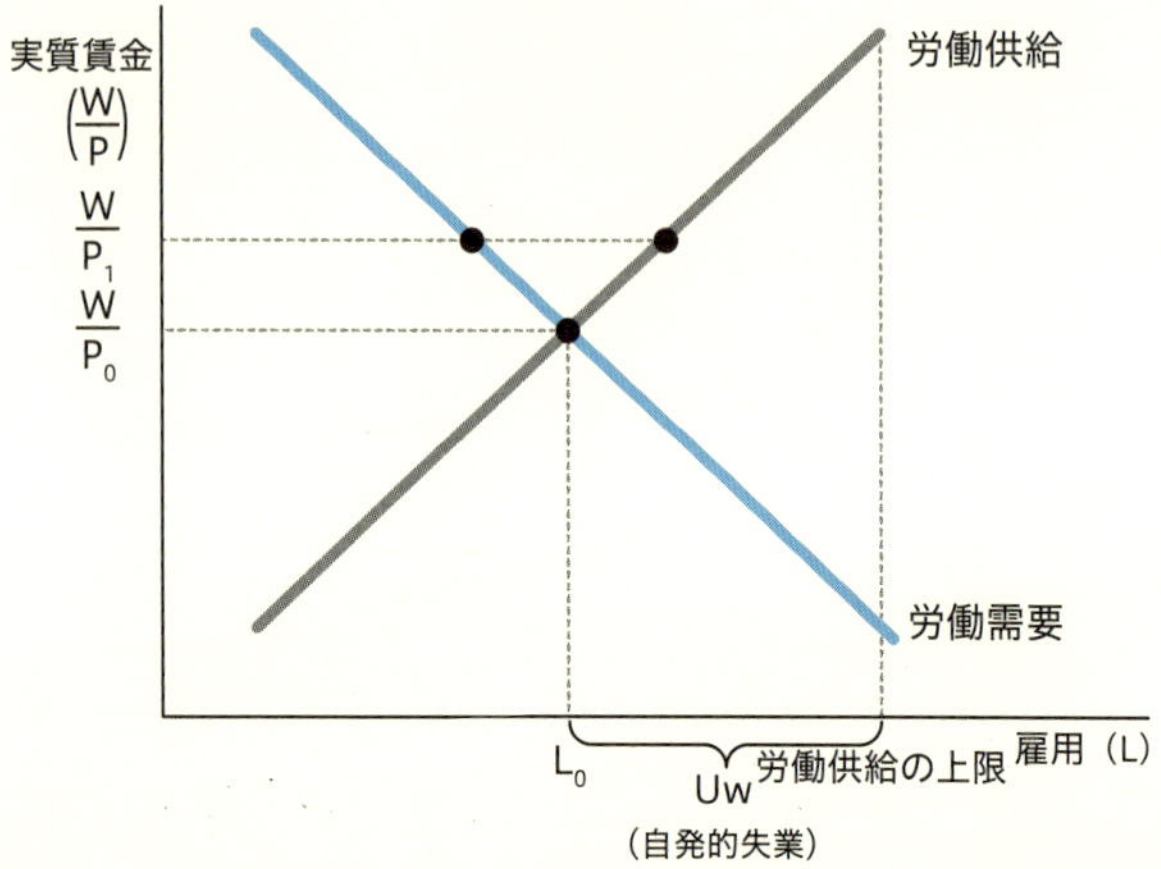

失業」と呼ばれます。

†賃金の下方硬直性からの解釈

ここでケインズらは名目賃金には低下しにくい性質――「下方硬直的」な性質があると考えました。物価（P）の低下、つまりはデフレが生じる一方で、賃金（W）が一定ならば、実質賃金（W／P）が上昇することになります。図6-2で実質賃金が均衡より高い（W／P_1）とき、労働需要より労働供給が大きくなっていることを確認してください。この差が非自発的失業です。

実質賃金が均衡水準よりも高くなると、人を雇いたい企業が減る一方で、働きたい人が増加するため、労働需要と労働供給は

図 6-3　名目賃金が硬直的な場合

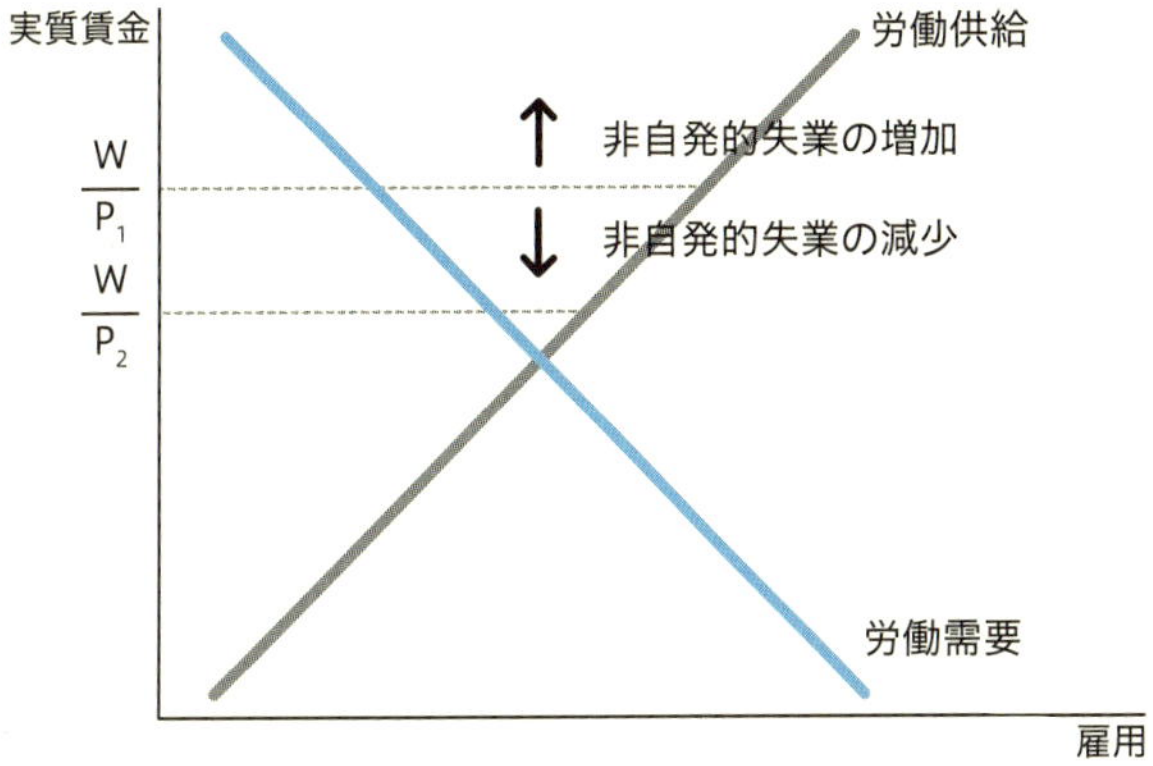

一致しなくなるのです。賃金水準W/P_1では働きたいと思っている人と、雇いたいと考えている企業の差が非自発的失業です。現在の賃金で働きたいのに、職につけない人が非自発的失業者です。このとき賃金額Wが下方硬直的である場合、デフレは実質賃金の上昇によって雇用を減らし、失業を増大させることになるでしょう。逆に、インフレによる実質賃金の低下は雇用を増大させることになります（図6－3）。これがフィリップス曲線に対するケインジアンの説明です。

　ちなみに、名目賃金（賃金額）が硬直的になる理由はなんでしょうか。第一の利用として契約の問題があります。雇用契約は（実質賃金ではなく）賃金額を定めるもののため、すくなくとも契約期間中は賃金額を変えることができません。賃金を改定するとしても、個人にとって賃金額の低下は非常に抵抗があります。労働組合は賃金の上昇抑制は容認できても、低下は容認しないのが普通です。さらに、賃金交渉は、今現在の段階で会社で働いている人と、経営者との間で行われます。労働組合側にとって、自分の賃金を下げて、失業している他の労働者を救おうと思う人は多くはないでしょう。企業側にとっても、賃下げによる労働者の士気の低下や、離職によって能力が明確でない新規の労働者を改めて雇わざるを得なくなるリスクを考えると賃下げの強行には踏み切りづらい。このような理由から、一般的なリンゴやミカンのような財に比べると、労働という商品の価格は動きにくくなるのです。

賃金が下方硬直的なときには、インフレ率と失業率の間にはフィリップス曲線が示すようなトレードオフの関係が生じます。ここから導かれる結論は明確です。失業率を抑えたいのであれば、インフレは我慢しないといけない。一方で、インフレ率を低く抑えたいのであれば、高い失業率を受け入れなければなりません。

伝統的なケインジアンは、フィリップス曲線の望ましいインフレと失業率の組み合わせを選ぶことが経済政策の仕事だと考えました。たとえば、アメリカを例にとると、伝統的な共和党政権では多少の失業率には目をつぶっても資産の目減りを防ごうとする傾向があり、民主党ではインフレ率による資産の目減りを受け入れてでも失業率を低くすべきだと考えるでしょう。

変化しているのは自発的失業である？

失業とインフレ率にはトレードオフがあり、どの組み合わせを選ぶのかは政治的な決断であるとするケインジアンの考え方はしだいに強く批判されるようになりました。失業を抑えようとして、経済政策をインフレ的に運営した60年代末以降、インフレ率も失業率も同時に上がる「スタグフレーション」現象が観察されるようになったからです。

データをみると失業率とインフレ率の関係にはトレードオフの関係があるように見える国が少なくありません。一方で、スタグフレーションのようにインフレと失業が同時に上昇することもあるのです。70年代以降の米国でこの傾向は顕著になります。

ミルトン・フリードマンは「貨幣錯覚説」によってこの現象を説明しました。貨幣錯覚説ではフィリップス曲線は労働者の「錯覚」によっておこるものであり、インフレによる失業率の低下は一時的で、政策利用は難しいと解釈されます。

貨幣錯覚説では、インフレが発生したときに、企業はすぐそれに気づくが、労働者はそれに気づくのが遅れると考えます。インフレが発生した場合に、名目賃金が一定であれば、実質賃金は低下します。インフレの発生に気がついていない労働者は、これまでよりも低い実質賃金であっても、名目賃金さえ同じであればこれまでと同じだけの労働供給を行うことになるでしょう。今までより低い実質賃金で、これまでと同じだけ労働供給を行うわけですから、労働供給曲線そのものが右にシフトしていることになります。その結果、雇用量が増加する――つまりは失業率が低下するわけです。

以上のプロセスのなかで減少しているのが自発的失業であることに注意してください。貨幣錯覚説で変化するのは自発的失業です。このような労働者側の誤解や認知の遅れによって、インフレは失業率を低下させます。その結果、右下がりのフィリップス曲線が観察されることもあるでしょう。

しかし、錯覚に基づくフィリップス曲線は一時的な関係にすぎません。労働者は時がたつにつれて、賃金額が高いのはインフレが起きたからで、実質的には以前と変わらないか、むしろ低下していると気がつきます。すると、賃金が上がったと勘違いして職についていた人は、再び自発的失業者に戻っていくことになります。その結果、労働供給曲線はもと

図6-4　インフレ発生時

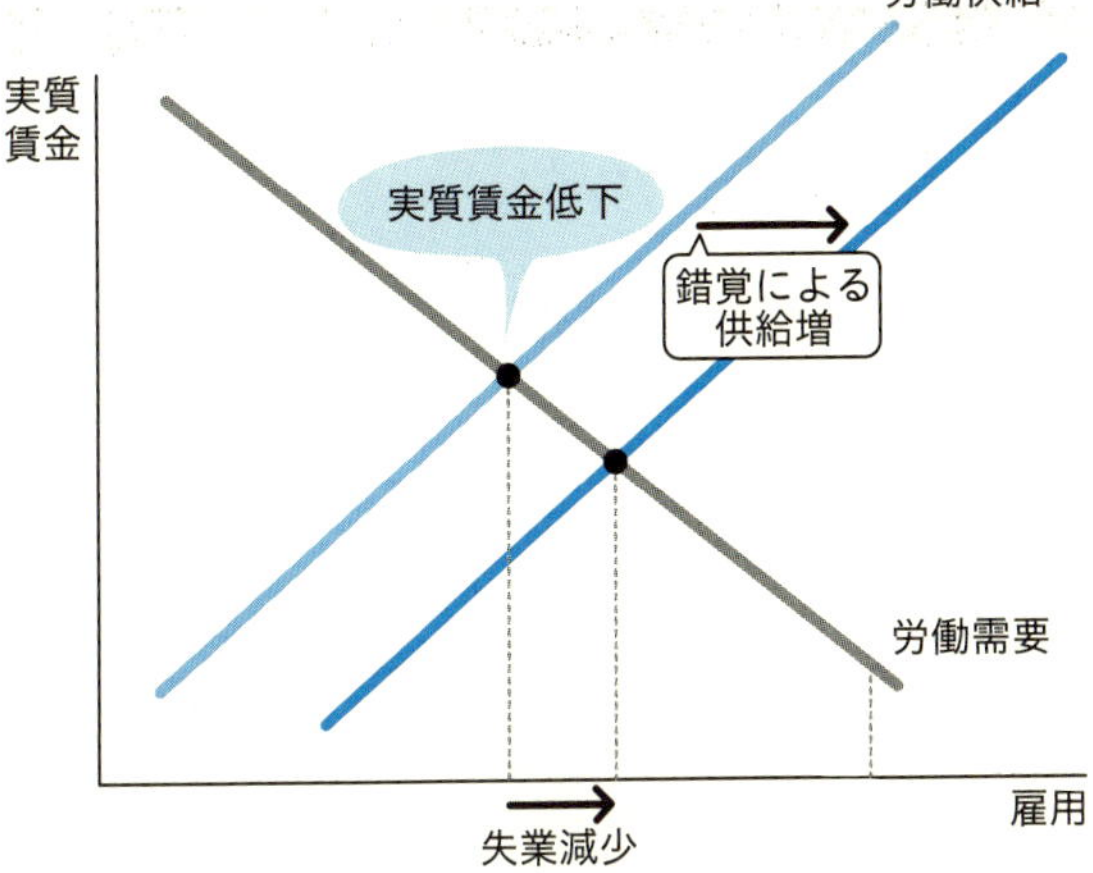

の位置に戻り、失業率ももとの水準に戻ることになります。すると、物価は上がったが失業率は下がっていないという現象が起きるのです。

貨幣錯覚が発生したあと、それが錯覚だったことに気づくまでの間、インフレは失業率を低下させます。ただ、やがてその錯覚から目覚めていくために、いずれ失業率は高まります。（図6-5中Ⓑ）。このⒷの動きが、インフレ率が高いままで、失業率が増加するスタグフレーションというわけです。

フリードマンの主張によると、短期的には右下がりのフィリップス曲線が存在するが、長期的なフィリップス曲線は垂直になります。労働市場はいつでも均衡しており、一時的な

図6-5　錯覚に気がつく

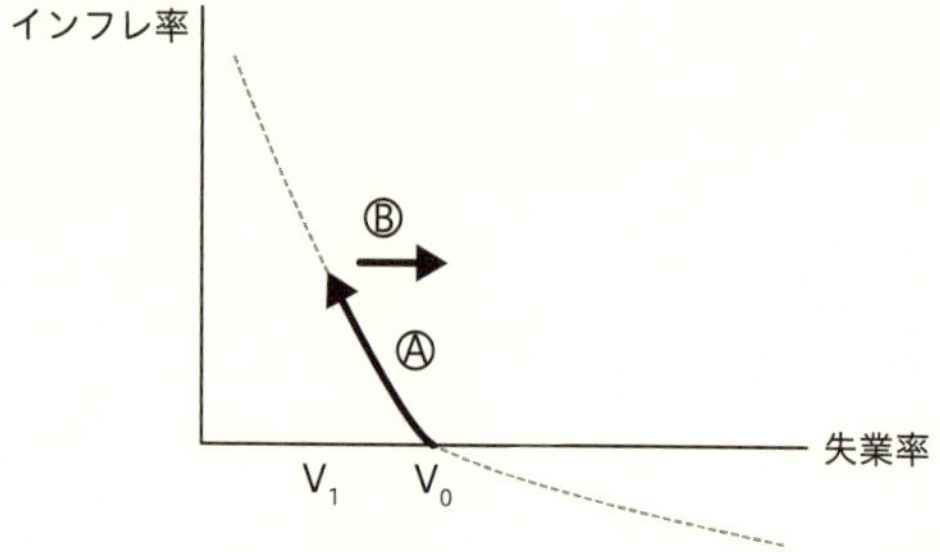

錯覚で自発的失業者が増減するが、最終的には一定の失業水準に回帰する。このときの失業率は自然失業率と呼ばれます。政府が金融政策を行っても無駄になるし、むしろ無用な混乱を起こしてしまうことでしょう。

フリードマンは、労働者が「錯覚」を起こすことで、失業が一時的に解消されると指摘しました。しかし、これは本当に現実的な仮定でしょうか。労働者だって日々のニュース、報道によってインフレが発生していることを十分に認識できるはずです。さらに失業率の変化が自発的失業の変化によるという想定も現実的ではないように感じます。

1970年代に、フリードマンの流れをくむ、ロバート・ルーカスなどの第二世代から、「合理的期待形成仮説」が生まれます。合理的期待では、人々はすべての情報を総動員して、期待値を割り出していると考えます。たとえば、サイコロにいかさまがない場合、2回ふったときに出る目の合計の期待値は7です。サイコロに限った話ではなく、人々はさまざまな意思決定でも、合理的な「期待」をもつのではないでしょうか。

余談ですが、ここでの「期待」は一般的な用語法とはかなり違う意味を持っています。通常は「期待」といえばそれが「おきて欲しい」といった意味合いを含みますが、ここでの「期待」にはそのような意味はありません。そうなって欲しくないことを期待する――例えば悪意なく「大災害を期待する」こともあり得ます。むしろ「期待」ではなく「予想」と訳すべきだと思うのですが……ここでは経済学者の多数派に従うことにします。

合理的期待を想定すると、貨幣錯覚の余地は狭まります。政府が需要拡大政策を取ったときに、その情報を仕入れた人たちは「どうも将来インフレになりそうだ」と期待を形成します。その結果、インフレによる賃金の上昇があっても、労働者たちは「実質賃金は同じままである」とフリードマンが言うような「錯覚」をすることがありません。インフレ率は失業率になんら関係することなく、フィリップス曲線は短期・長期にかかわらず、自然失業率水準で垂直になります。

しかし、現実に右下がりのフィリップス曲線が観察されることがあるのはなぜでしょうか。サイコロの出目の期待値が7といっても、7以外の目は出ないというわけではありません。期待と異なる水準のインフレが発生したときには、やはり貨幣錯覚が生じます。このような本当に予想外のインフレによって、事後的には右下がりのフィリップ曲線が観察されることもあり得るのです。

まとめると、結果が予想できない偶発的なインフレについては貨幣錯覚が生じるが、政府が意図的に起こしているような今後の動向が予想できるインフレについては貨幣錯覚は生じないことになります。合理的期待の考え方に従うと、政策によってインフレを生み出しても失業率を減少させることは（一時的にさえも）不可能です。つまり、観察されたフィリップス曲線はたまたま政策的意図がなく発生したインフレに対して貨幣錯覚が生じたものを、統計上そのような関係が偶然みられただけという主張になります。なお、合理的期待形成の議論においても変化するのは自発的失業である点に注意しましょう。

2　インフレ期待と第三の仮説

ここまでケインジアン、フリードマン、ルーカスらのフィリップス曲線にまつわる論争を解説してきました。しかし、この議論にはひとつ見落としがあります。ここまで、自発的失業と非自発的失業を明確に区分できるかのように扱って議論を進めてきましたが、現実の経済政策においてその区別は容易ではありません。

統計上の失業率と、理論上の失業率

理論上の失業は、現時点の賃金で働きたくないという「自発的失業者」、その賃金で働く気がない「非自発的失業者」に分類されます。それ以外の人はすべて就労者です。このように理論の世界では、人は必ず「働いている」か「失業している」かに分類できますが、現実には「フルタイムで働きたいが、パートタイムの仕事しかない」という状況の人たちが存在します。現実経済における雇用状況を把握するのは容易なことではないのです。

経済統計を収集する際にはこのような理論と現実の適切な妥協点を探っていかなければなりません。統計上の失業率は「完全失業者数」といった統計によって把握されています。

完全失業者とは、

① 調査週間にあたる月末の一週間に賃金を伴う仕事をまったくしなかった

② 就業が可能でこれを希望している
③ 職探しをしているか、過去におこなった求職活動の結果を待っている

この三つをすべてクリアした人のみです。定義から考えて、完全失業者はなんとか非自発的失業を把握しようとしている指標だと言ってよいでしょう。しかし、この統計方法には問題があります。たとえば、客観的にはどうみても月給20万円でしか雇ってもらえない人が、自分は月給30万円でしか働かないと職探しを続けていた場合、理論的には自発的失業にあたるわけですが、統計上は完全失業者として取り扱われます。一方で、非常に雇用環境が厳しいとき、職探しをしても自分なんて採用してもらえないと、職探しそのものをあきらめている「求職意欲喪失者」も存在します。働く能力もあって、現行の賃金で雇ってもらえるなら働きたいと考えているわけですから、理論的には非自発的失業者であるにもかかわらず、統計上は失業者でないことになってしまうのです。

つまり「インフレ政策が失業率を低下させるか否か？」といった議論は、現在生じている失業が自発的なのか、非自発的なのかで答えが変わります。しかし、その識別は容易ではありません。現実の失業者が自発的失業、非自発的失業のいずれにあたるのかをアンケ

ートによって確かめることは困難です。

また、ここまで説明してきた仮説ではいずれも、実質賃金の低下と失業率低下が同時に発生すると考えています。しかし、このような関係そのものが成立していないかもしれません。むしろ雇用の上昇期には実質賃金の上昇も同時に発生することが多い――これはケインズ理論が登場した当時から存在したダンロップとターシスによる批判です。

雇用拡大の初期、失業率が低下するときには、統計上は実質賃金の平均値が低下していることが多いのは確かです。しかし、この実質賃金低下の原因は、下方硬直性や貨幣錯覚によるものではないかもしれません。第三の原因として考えられるのがニューカマー効果です。失業率が低下するということは新規の雇い入れが発生しているということです。ベテランの給料に比べて、新人の給料は低いですよね。給料の低い新人が増えた結果として失業率が低下するときには、「平均」賃金が低下する現象が観察されやすくなります。

これは、古典的なケインジアン、貨幣錯覚説の両者が、労働は一種類しかないと想定していたことへの見落としです。同じ能力と同じ経験をもつ労働者の賃金は、むしろ失業率が低下しているときには上昇している場合もあります。雇用の拡大と実質賃金の上昇が同時に発生しているとしたら――これまで考えてきたフィリップス曲線の解釈はともに誤りかもしれません。

†名目賃金よりも硬直的なもの

名目賃金の下方硬直性、貨幣錯覚説とともに労働市場の需給関係がフィリップス曲線を生み出す中心的なロジックです。フィリップス曲線はインフレ率と失業率の関係をあらわしているわけですから、その関係が労働市場から生じていると考えるのはごく自然に感じられます。

しかし、フィリップス曲線が「インフレから失業率」への直接的な因果関係から成り立っているとは限りません。まったく別の要因がインフレ率の上昇と失業率の低下をもたらしている、またはインフレ率が他の要因経由で結果として失業率を下げているというケースも考えられます。「その他の要因」の一つの候補が資産市場です。

不動産価格や株価は「将来得られるであろう賃貸収入・配当」で決まります。不動産価格であれば将来の賃貸収入の予想、株価であれば将来の企業利益の予想によって現時点での価格が決まるのです。ここで、将来物価が上昇していくという予想・期待が強まると二つの影響が同時に発生します。

・将来の物価が高いということは、賃貸収入や企業利益の名目額も上昇する。したがって現時点での資産価格が上昇する。
・将来の物価が高いと予想されると、今のうちに買っておこうという選択が合理的になるため、現時点でも物価が上昇する。

このようにインフレ期待（予想）が強まると、資産価格の上昇と現時点でのインフレ率の上昇が同時に発生するのです。資産価格が上昇すると、企業・家計には大きな影響があります。ほとんどの企業、そして多くの家計は資産と負債の両方を保有しています。資産価格は変化しますが、負債の金額は物価が上がっても変化することはありません。住宅ローンの残高は物価が上がろうが上がるまいが（返済しない限り）変わりませんよね。その結果、企業や個人にとって資産価格の上昇は、資産から負債を引いた純資産を増大させる効果をもちます。

住宅ローンを抱えている家計を例に考えてみましょう。いま2000万円の価値の不動産と、1500万円の住宅ローン残高を抱えているとき、その家計の純資産は500万円ですね。ここで、土地家屋の評価額が10%上昇して２２００万円になったとします。一方の負債に変化がないため、純資産額は７００万円と40%上昇することになります。10%の資産価格上昇が40%の純資産の増加を招くのです。

資産から負債を引いた、正味の資産の大きさが増加すると、経済的な余裕が生まれます。いざとなれば家を処分すれば十分な資金が残るという状態ならば余裕をもった消費行動が可能になるでしょう。企業の場合、この純資産の影響はより重大です。純資産の大きさが銀行からの融資が受けられるか否か、または融資の条件を左右するからです。資産価格の上昇はその数倍の純資産の増加をもたらします。純資産の増加による気持ちの余裕、融資条件の改善は消費・投資を刺激します。

消費・投資といった需要が増大すると、有効需要の原理にしたがって供給量も増大するでしょう。供給量を増やすためにはより多くの労働が必要です。より多くの労働が必要ということは失業率が低下するということに他なりません。

一方で、デフレの場合はどうなるでしょうか。資産価格が低下すると、資産価格の変化率の何倍もの純資産の減少が生じます。先ほどの住宅ローンの例で、土地家屋の評価額が25%下がると何がおきるでしょう。資産の評価額が２０００万円から１５００万円に下がる一方で、ローンの残高は1500万。純資産がなくなってしまいます。さらなる資産価格の低下は負債が資産を上回る——純資産マイナス状態をもたらします。

純資産が負の家計は借金の返済を優先するため、消費は大きく冷え込みます。企業についても超過債務状態になると、運転資金などの一時的な借り入れさえも困難になります。これは事実上の破綻とさえ言える状態です。そのような事態を避けるために、純資産が小さくなった企業は、雇用を切り詰め、大きなリストラをしてでも借金の返済を最優先しようとするでしょう。

このような家計や企業の純資産の大きさに注目した考え方は「フィナンシャルアクセラレーター仮説」と呼ばれます。インフレ予想・期待が現在のインフレ率と資産価格を上昇させ、資産価格の増加がその数倍の純資産の増加をもたらす。純資産の増加によって消費・投資が刺激された結果として失業率の低下がもたらされる——というのがフィナンシャルアクセラレーターを重視した際の経済の動きです。フィリップス曲線の関係はこのような変化のなかの「インフレ率の上昇」と「失業率の低下」を切り取ったものとも解釈できるでしょう。

フィナンシャルアクセラレーターが経済の変動に大きな役割を果たしているという場合、

重要なのは現在のインフレ率ではなく、将来のインフレ率に関する予想、つまりは期待インフレ率であるということになります。現在の経済に影響を与えるためには、将来のインフレ率――つまりは将来の金融政策の姿勢が重要であるという意味で、フィナンシャルアクセラレーターメカニズムは時間軸効果や量的緩和、さらには各種のターゲット政策が必要とされる根拠と言ってもよいでしょう。

第3部
計量経済学

第6章ではフィリップス曲線について、ケインズとその後継者たち、さらにはフリードマン、その後の研究などさまざまな仮説を紹介しました。それぞれのロジックは間違っていないにもかかわらず、なぜこんなにも意見が分かれてしまうのでしょうか。そして、どれが正解なのでしょうか。

それを知るためには統計学の力を借りなければいけません。経済学には「机上の空論」のイメージがつきまといます。各々で勝手な理論を立てて、論争しているだけ……経済学にそんな印象をもつ人も少なくありません。しかし、経済学は統計学を組み込むことで、机上の空論から脱し、社会「科学」としての位置づけられるようになりました。今やデータ検証なしの経済学はありえません。その意味で「経済学入門」は、計量経済学に関する章なしには完結できないのです。

経済学では「問題の発見」と「仮説の検証」の両面でデータを活用します。世の中にあふれるデータを整理して、その特徴や推移、データ間の関係を観察するところから経済学の「仕事」ははじまります。観察されたデータを整合的に理解するために、どのような理論的なモデルを考え得るか。ここからひとまずの理屈——作業仮説を導きます。

次に、作業仮説が過去のデータを上手に説明してくれるか、そして将来を予想する力があるかを検証する。この検証にパスすれば、その理屈は「作業仮説」から「仮説」へと進歩します。そして、さまざまな種類のデータ・検証手法をパスし続けていくと、仮説はいつしか標準理論や定説として取り扱われるようになるのです。一方で、その検証をパスしなければいま一度、作業仮説の作成に立ち戻る——このようなプロセスを繰り返していくのが経済学のお仕事です。

第7章では、データの整理法である「記述統計」について解説します。ここではデータの中から「ふつう」を見つけ、「ふつう」と「ふつうでない」ものをどう見分けるのかについて考えます。また記述統計を利用し、2変数間の関係をどのように整理するのかについて扱います。

第8章では、仮説が正しいのか、現実的にはどの程度のインパクトなのかを検証するための統計方法を扱います。このようなプロセスの重要性はなにも経済学のみのものではありません。仮説を統計で検証することによって、さまざまな仮説群は机上の空論から「科学」として位置づけられるようになるのです。

第7章 統計的思考の基礎――「ふつう」って何ですか

データを用いた思考は、経済学に限らず、すべての思考にとって必須の出発点です。ここでちょっと哲学的な話に寄り道しましょう。私たちの思考法には演繹法と帰納法の二つがあります。

演繹法は、確かな前提を論理的につなぐことで、結論に到達しようとする考え方です。例えば、「すべての人間は哺乳類である＋私は人間である→私は哺乳類である」という三段論法がいちばん典型的なケースです。

演繹法では、二つの前提（ここでは「すべての人間は哺乳類である」と「私は人間である」）が正しければ答えも正しいことが保証されています。この「正しさ」は演繹法の最大の利点です。その一方で、演繹法には重大な欠点があります。簡単に言ってしまうと、導かれる答えが「つまらない」ことが多いのです。演繹法から導かれているのは、もともとの前提に含まれていた情報だけです。演繹法は前提に含まれる情報を整理する作業であると言ってもよいでしょう。

一方で帰納法は経験や大量のデータから全体的な傾向をとらえ、そこから仮説を導き出します。「私が観察した100羽のカラスはみんな黒かった、ゆえにカラスは黒いものだろう」は一種の帰納的な考え方です。しかし、カラスのなかには、アルビノ（メラニン欠乏）で白いカラスもいるので、結論は正しくありません。帰納法には飛躍がつきものであり、その正しさは保証されないのです。一方で、帰納的な発想からは、新しいアイデア、仮説が生まれる余地があります。

さまざまな経済理論は、帰納的な思考と演繹的な思考が交互に織り交ぜられて発展してきました。第6章を例に考えてみましょう。

まずは「インフレ時には失業率が低い」という観察事実から、「インフレは失業率を低下させるのではないか」という着想が生まれます。演繹的な思考によって「賃金に下方硬直性がある」という仮定が成り立つならば「インフレは失業を減少させる」という仮説が構築されました。その仮説が正しいのか、それを確かめるのもまたデータの予想力です。

データによる発見、仮説を検証可能なモデルとして提示、データによる検証といういわば帰納と演繹、そして帰納という作業をたゆまず繰り返していくことこそが経済学なのです（もちろん経済学だけでなく他の社会科学についても同様です）。

一方で、論理的に正しくて、統計的に正しかったとしても、実際の量的なインパクトの大きさも重要になってきます。たとえば、補助金が教育年数を増大させることが分かったとしましょう。ですが、その増加が微増なのであれば、大きな予算を割く意味はなくなります。

1 「ふつう」の三つの定義

「データが大事」とは言うものの、大量の数字の羅列を見て「よし！ 傾向がつかめたぞ！」と言う人はほとんどいません（もしいるならば天才か、気のせいでしょう）。本章で主にとり扱う記述統計は、データを見やすく、わかりやすくするために存在します。いわば仮説の元となる「気づき」を得るための統計学です。

データを活用するための第一歩は適切な方法でグラフ化することです。シェアをあらわすなら円グラフ、年次ごとのGDPを追うならば折れ線グラフがよいでしょう。また、年収と学歴の関係性をあらわすならば散布図が適切です。フィリップスカーブは散布図の典型例——縦軸にインフレ率、横軸に失業率をとって各年の値を点として図の上に描いたものです。

しかし、図やグラフにはいくつかの欠点があります。横軸縦軸の目盛の取り方次第で受ける印象が変わってしまうのです。さらに、近年「急激に伸びている」のか近年「横這い」なのかは、人の主観に依ってしまうでしょう。もうひとつの欠点はやたらとスペースを使うという点です。いくら一枚一枚が見やすいからといって数百枚も図表が続くレポートはちょっと勘弁してほしいですよね。では、より客観的に、スペースを喰わないでデータをみるにはどうすればよいのでしょう。

「ふつうの人生ってなんだろう」「ふつうの人には分からないよね」などと言われますが、データを見る際に第一に行う作業は、「ふつう」について考えることです。手持ちのデータの標準的な値を知ることで、そのデータのおおまかな特徴や傾向を知ることができます。この「ふつう」をあらわす値を統計学では「代表値」と呼びます。

以下では日本の都道府県別GDPを用いながら、代表値についてみていきましょう。

†「ふつう」といえば平均値

「ふつう」と言われてまず思いつくのが「平均値」でしょう。47都道府県すべてのデータを足して47で割るのが「平均」です。ただ、平均には困った性質があります。

たとえば、日本の全都道府県のGDPの平均値は約10・8兆円です。しかし、県GDPが平均を超えている都道府県は12しかありません。東京都のGDPが飛び抜けて高いため、平均値が上がってしまうのです。

このような平均の問題点として有名なのが個人金融資産残高の「平均値」です。「家計の金融行動に関する世論調査」(2016年、金融広報中央委員会)によると、世帯主が20歳以上でかつ世帯員が2名以上の世帯の平均貯蓄額は1078万円です。ここから「日本人の貯金の平均は1000万円! みなさん資産形成は足りていますか?」といった広告が行われたり……。

しかし、皆さんの周囲に1000万円の貯蓄がある人はほとんどいないのではないでしょうか。平均の値が高く出てしまうのは、金融資産の額が10億円以上といった極端な値に

図 7-1　都道府県 GDP の平均値と中央値

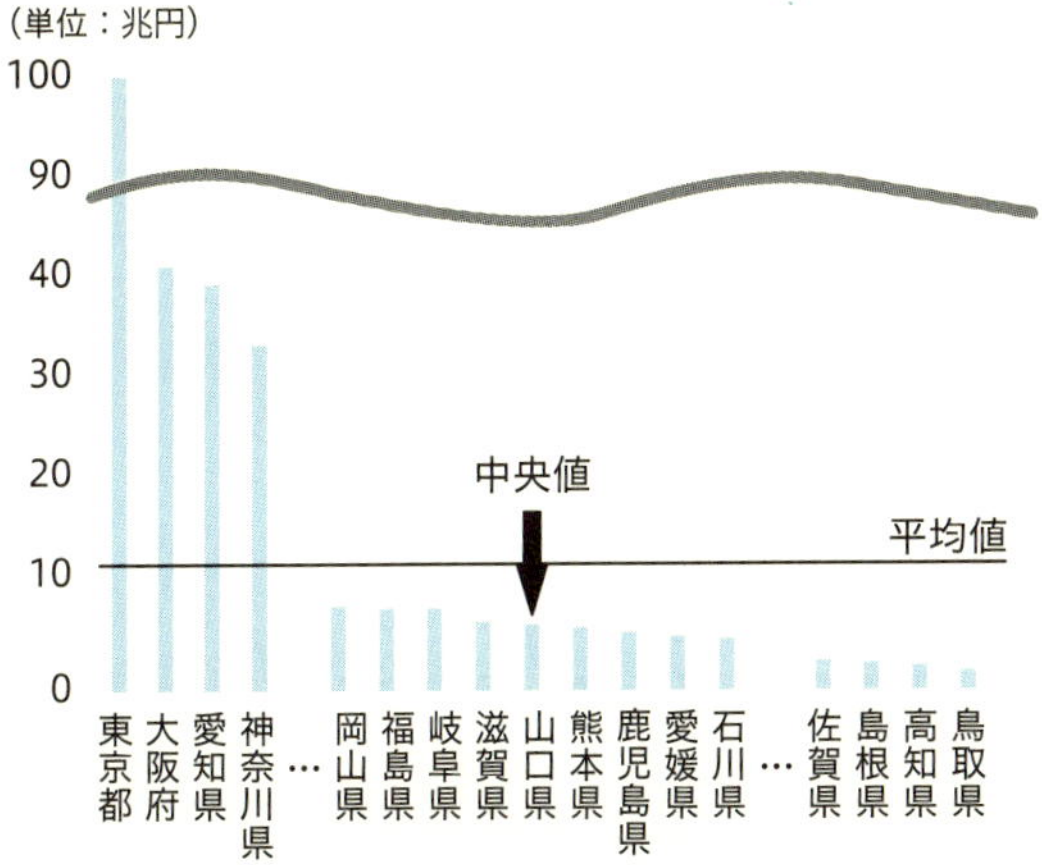

データが引っ張られてしまうためです。極端な値があるときには平均≠ふつうであることに注意しましょう。

†平均値の欠点を回避する

「平均値」のやっかいな性質を回避するために、用いられるのが「中央値」という概念です。47都道府県別GDPでは、47都道府県のちょうど真ん中、第24位の都道府県である山口県の約5・7兆円が中央値になります。（データ数が偶数の場合は、真ん中二つの値の平均値を中央値と呼びます。）

　中央値の利点は、極端な値（外れ値）にあまり影響されないことです。仮に東京都のGDPが100倍になったとしても中央値は変

図 7-2　都道府県 GDP と最頻値

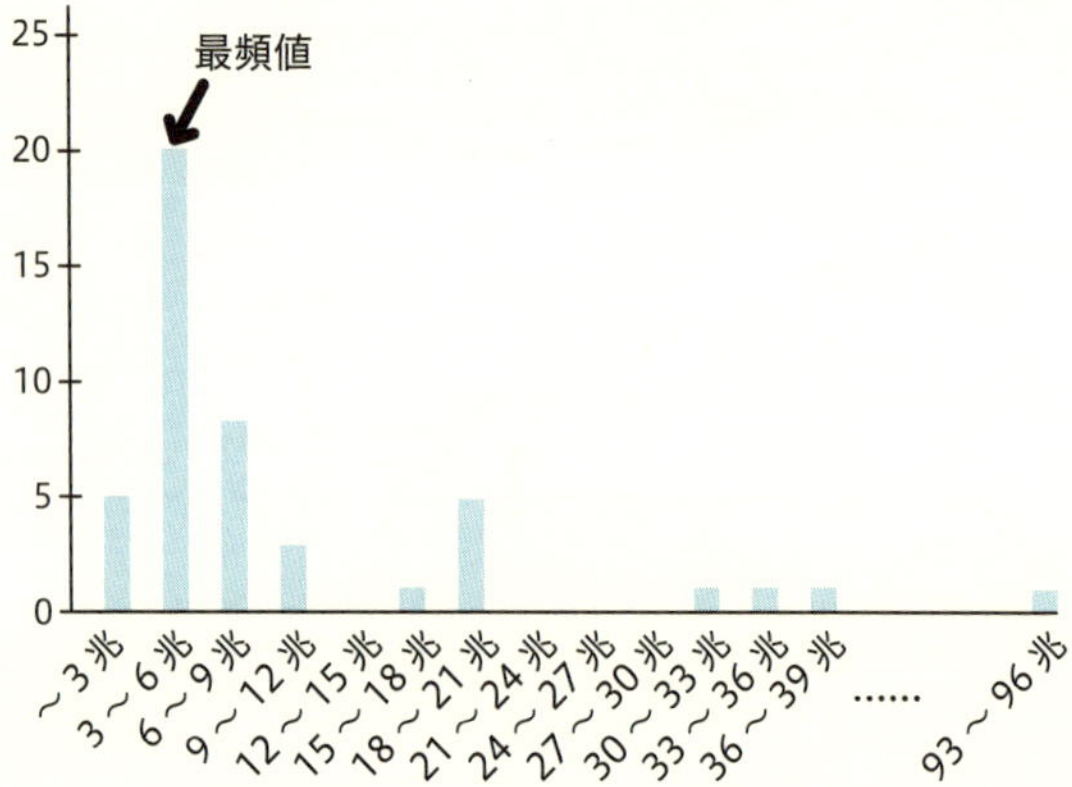

わりません。極端に大きい数値が出やすいデータ、多くのデータが０か０付近に集まっているデータでは外れ値の影響が大きくなりやすいため、中央値のほうがそのデータをもつ「ふつう」の姿として適切であると考えられるでしょう。

先ほどの「家計の金融行動に関する世論調査」でも世帯の貯蓄額の中央値は４００万円です。かなり現実的な貯金額になってきたのではないでしょうか。

平均・真ん中に続くもうひとつの「ふつう」候補は、「いちばんありふれた値」を「ふつう」とみなす考え方です。ここでヒストグラムという手法で都道府県別ＧＤＰを整理してみましょう。一定の幅のなかに何個の

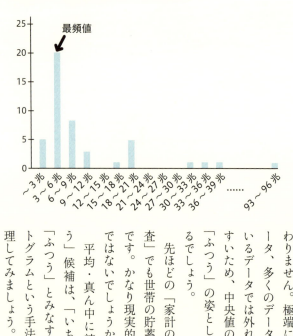

データが含まれるか……都道府県GDPが0以上3兆円未満の県が5、3兆円以上6兆円未満の県が20、6兆円以上9兆円未満の県が8……24兆円以上の都府県が4のように分布しています。3兆円刻みの分類のなかで、もっとも含まれる県の数が多いのは3兆円以上、6兆円未満のグループですね。このように、ヒストグラムのいちばん高くなっている部分を「ふつう」と考えるのはそれなりにもっともらしいでしょう。このデータ区分3～6兆円の中央値である4・5兆円を「**最頻値**」と呼びます。

しかし、この最頻値にも問題があります。データ区分をどの程度細かくするかは分析者の主観で決めることになるからです（一応の基準も提案されていますが、あまり利用されていません）。今回は3兆円刻みでデータを分類していますが、この「刻み」を変えると最頻値も変わってしまうのです。また、各階級にそれほど差がない場合には、かすかに多いだけの分類を「ふつう」とみなすことになります。最頻値は直観的な「ふつう」に近い反面、主観的な指標になりやすい、という欠点もあるのです。

「ふつうといえば平均値」という思考法から脱し、目的やデータの性質に応じて三つの代表値を使いこなすようにしなければなりません。

2　「ふつうじゃない」を知るために

ここまで「ふつう」とは何かについて、統計学ではどのように代表値を求めていくのか解説しました。しかし、個々のデータが平均値や中央値とぴったり同じ数値であることはまずありません。例えばサイコロを二つ投げたときの目の合計（出目）について考えてみましょう。出目の平均値は7ですが、実際の出目が6や8でも「異常事態」と考える人はいないでしょう。2や12ならちょっと特別……かもしれません。サイコロ2個の出目としての「ふつう」といえるのはいくつからいくつまでなのでしょう？

このように、「ふつう」は幅をもった概念です。ある数値が「ふつう」なのか「ふつうじゃない」のか……その判断には「代表値からどのくらいずれていたらふつうじゃない」のかを決めなければなりません。このような「ずれ」を評価するためには、データのばらつきを知る必要があります。

†偏差と標準偏差

まず平均値の考え方を利用したばらつきの指標から説明していきましょう。繰り返しになりますが、平均値ぴったりではなくとも、それだけで「ふつうじゃない」とは言えません。テストの平均が70点だったとして、71点を取るのは「ふつうの点数」だと感じませんか。では、72点は？　75点は？　80点は「ふつう」でしょうか？

平均値からどれくらい離れているのかを考えるのが「偏差」です。平均値より高いデータであれば偏差はプラスになりますし、平均値より低いデータであれば偏差はマイナスになります。例えば、平均70点のテストで、72点を取ると偏差は2、65点を取ると偏差はマイナス5となります。

では、どれくらいの偏差のデータまでを、つまり平均といくつ違うデータまでを「ふつう」と言えるのでしょう。それを知るための準備として、ばらつきの度合いを知る必要があります。0点から100点までさまざまな点数を取っている人がいるテストと、ほとんどの人が70点台に集中しているテストとでは「ふつう」の基準が変わってくるからです。

少し勘のいい方なら、「偏差」の平均を取れば「ふつう程度のずれ」がわかるのではないかと考えたかもしれません。しかし、プラスだったりマイナスだったりする偏差を足し合わせて平均すると打ち消しあって0になってしまいます（平均値には偏差の合計が0になる性質があります）。そこでマイナスの値が出ないように、平均からのずれの指標として「偏差の2乗」を使用します。

偏差の2乗の平均値を分散と呼びます。すべてのデータについて偏差を求め、その2乗を足し上げて、データ数で割ったものが「分散」というわけです。つまりは「〝平均値からのずれ〟の平均値」をばらつきの尺度として用いるわけですね。

都道県別GDPの平均値は約10・8兆円。そこからの偏差の2乗をすべてのデータについて足し合わせ、47で割ります。すると都道府県GDPの分散は2206991 4兆……円（2垓2069京9914兆……）となります。

しかし、分散には大きな欠点があります。計算の過程で2乗しているため、数値が大きくなりすぎる傾向があるのです。分散が2垓といわれても、何をあらわしているのかわかりませんものね。

さらに単位の問題もあります。GDPの単位は円です。一方で分散の単位は、円^2（円の2乗ですから……平方円でしょうか）になっています。こんな単位は聞いたことがありません。現実に使ったことのない単位のままで思考しようとしても、どうも直感的な理解が得にくくなってしまいます。ここで登場するのが「標準偏差」です。

2乗になったデータをもとの単位である「円」に直してあげましょう。そのために平方根（ルート）をとります。この操作をすることで、各データがどのくらい平均値からずれているのか、普段使っている単位で把握できます。都道府県のGDPにおける標準偏差はおよそ15兆円です。これが、平均値からの「ずれ」の平均と言えます。

つまり平均値の10・8兆円から、プラスマイナス15兆円までの値が「ふつう」のずれと解釈できます。平均よりも標準偏差1個分以上大きい東京、神奈川、愛知、大阪の都府県のGDPは「ふつうじゃない」と言えるかもしれません。

なお、ふつうじゃないどころか、「非常にめずらしいデータ」を探す場合には、「標準偏差×2倍以上」の乖離を基準にすることもあります。その場合、40・5兆円以上が非常に珍しいデータとなります。これにあてはまるのは東京だけですね。

皆様おなじみ偏差値について

さて、「偏差」「標準偏差」という単語を見ると、なんとなく「偏差値」を思い出しませ

図 7-3　都道府県 GDP の偏差値

北海道	55.0	福井県	44.8	山口県	46.6
青森県	45.7	山梨県	44.8	徳島県	44.7
岩手県	45.8	長野県	47.9	香川県	45.2
宮城県	48.6	岐阜県	47.5	愛媛県	45.9
秋田県	45.1	静岡県	53.4	高知県	44.2
山形県	45.3	愛知県	66.6	福岡県	55.0
福島県	47.5	三重県	47.9	佐賀県	44.5
茨城県	50.5	滋賀県	46.7	長崎県	45.7
栃木県	48.3	京都府	49.3	熊本県	46.5
群馬県	48.0	大阪府	67.8	大分県	45.5
埼玉県	56.6	兵庫県	55.7	宮崎県	45.1
千葉県	56.1	奈良県	45.1	鹿児島県	46.3
東京都	105.4	和歌山県	45.1	沖縄県	45.3
神奈川県	63.1	鳥取県	43.9		
新潟県	48.7	島根県	44.3		
富山県	45.6	岡山県	47.6		
石川県	45.8	広島県	50.0		

んか。「偏差値40から東大合格！」などと、学力の指標としてよく使われますが、偏差値とはなんでしょう。まずは偏差値の定義から。

偏差値 ＝ 50 ＋ 10 ×（偏差 ÷ 標準偏差）

平均点を取った場合、偏差は0ですから偏差値は50になります。そして標準偏差1個分上ならば偏差値は60、1個分下ならば偏差値は40です。

さきほどの「ふつうじゃない」の基準に照らすと、標準偏差1つ分より上である偏差値60以上が「ふつうよりいい成績」、標準偏差1つ分より下である偏差値40以下が「ふつうより悪い成績」と言えます。私たちの直感にも近いのではないでしょうか。

ちなみに正規分布という典型的な左右対称の山なりの分布をしているときには、平均値から「平均値＋標準偏差」の範囲に全データのうち34・1％が含まれていることが知られています。なお、「平均値－標準偏差」から平均値の範囲に属するのは全体の34・1％です。ここから、仮に得点分布が正規分布と等しいならば、全受験生の68・2％が偏差値40から60の間になることがわかります。一方、偏差値が70を超えるのは全受験生の上位2・2％。偏差値80以上となると0・1％しかいません。

ちなみに、先ほどの都道府県別ＧＤＰは正規分布とはほど遠い分布型ですが、偏差値を出してみると……東京が偏差値１０５。圧倒的な経済規模であることだけはわかりますね。

中央値から考えるばらつきの尺度

一方で中央値に近い考え方をつかって、ばらつきの指標を求める方法もあります。分散や標準偏差は平均値を用いて計算を行うので、平均値がもっている困った性質（極端な値があると大きく情報の意味が失われてしまうなど）も同時に受け継いでしまうのです。そのため、東京のような「非常にめずらしいデータ」があると標準偏差が大きくなりすぎてばらつきの基準には適さないといったケースがありえます。そのため、中央値を使った「ふつうじゃない」の探し方についても学んでおきましょう。

中央値っぽいばらつきの発想は単純です。しばしば用いられるのは、「四分位点」です。47都道府県を四つ――上位25％グループ、上位25％～50％以内グループ、上位50％～75％グループ、上位75％以下（下位25％）グループに分けましょう。このときの「分かれ目」になるのが四分位点です。

第1四分位よりも上位（上位25％）の都道府県は「ふつう」よりも経済規模が大きく、第3四分位よりも低い（下位25％）県は経済規模が小さいと感じられるでしょう。もっともこれはなんとなく4分割をしているだけなので、5分割した「五分位点」や、10分割した「十分位点」が用いられることもあります。上位X％や下位X％を特殊な値と見なすのはごく常識的な整理法と感じられるかもしれませんが、その一方で分割の細かさなどに分析者の主観が入りやすいという欠点もあります。

四分位点によるデータ整理と同時に用いられることの多いツールが「箱ひげ図」です。

図 7-4　箱ひげ図

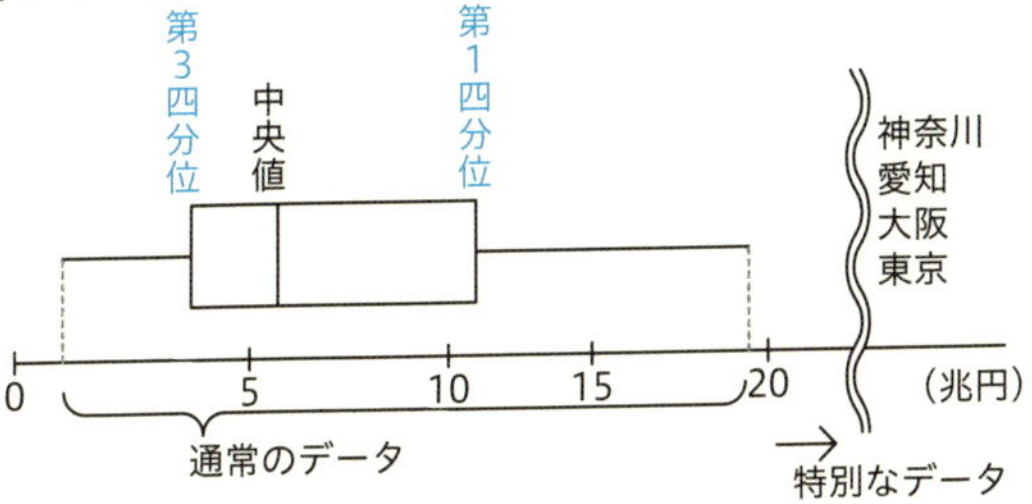

箱ひげ図は、縦軸にデータの値を取り、第1四分位点と第3四分位点を両端とする長方形を書きます。その長方形に中央値を書き加えます。そして箱の下側に第1四分位点と中央値の差を1・5倍した「ひげ」を書き加えます。上側には第3四分位点と中央値の差を1・5倍したひげを書き加えます。つまり、この両端の「ひげ」のなかに納まらないデータを、「ふつうじゃない」とみなすのです。ここでの外れ値は、神奈川、愛知、大阪、東京の四つです。中央値からみると、この四つが「ふつうじゃない」と言うことができるのです。このひげ部分の「1・5倍」という数字にも客観的な理由はありません。分析者によっては2倍とする人もいます。

平均値の考え方を応用してつくられる指標は客観性が高い一方で外れ値に弱く、中央値の延長線上で考案された指標は外れ値に強い代わりに、分析者の主観が入りやすい。

平均値・中央値・最頻値と同様に、ばらつきの指標においても複数の方法で比較しながら利用するといった工夫が求められます。

3　二つの数の関係を知る

ここまで、代表値を用いた記述統計の整理方法をみてきました。2変数の関係についても記述統計によってデータを整理できます。その際に用いられる図は散布図です。

たとえば、ある駅の周辺の賃貸住宅について、家までの距離（駅歩）と家賃に図7－5のような関係があったとしましょう。ここでは横軸に駅歩（分）、縦軸に家賃（万円）を配置しています。このデータからは、駅歩が多ければ、家賃が下がる関係があるように感じられますね。それでは、双方の関係はどの程度強いのでしょうか。これを数字としてあらわすのが相関係数です。

相関係数は二つの変数間の関係の強弱をマイナス1からプラス1の範囲であらわしたものです。右上がりの直線だったなら、相関係数は1、これは完全相関と呼ばれます。右下

図 7-5　駅歩と家賃

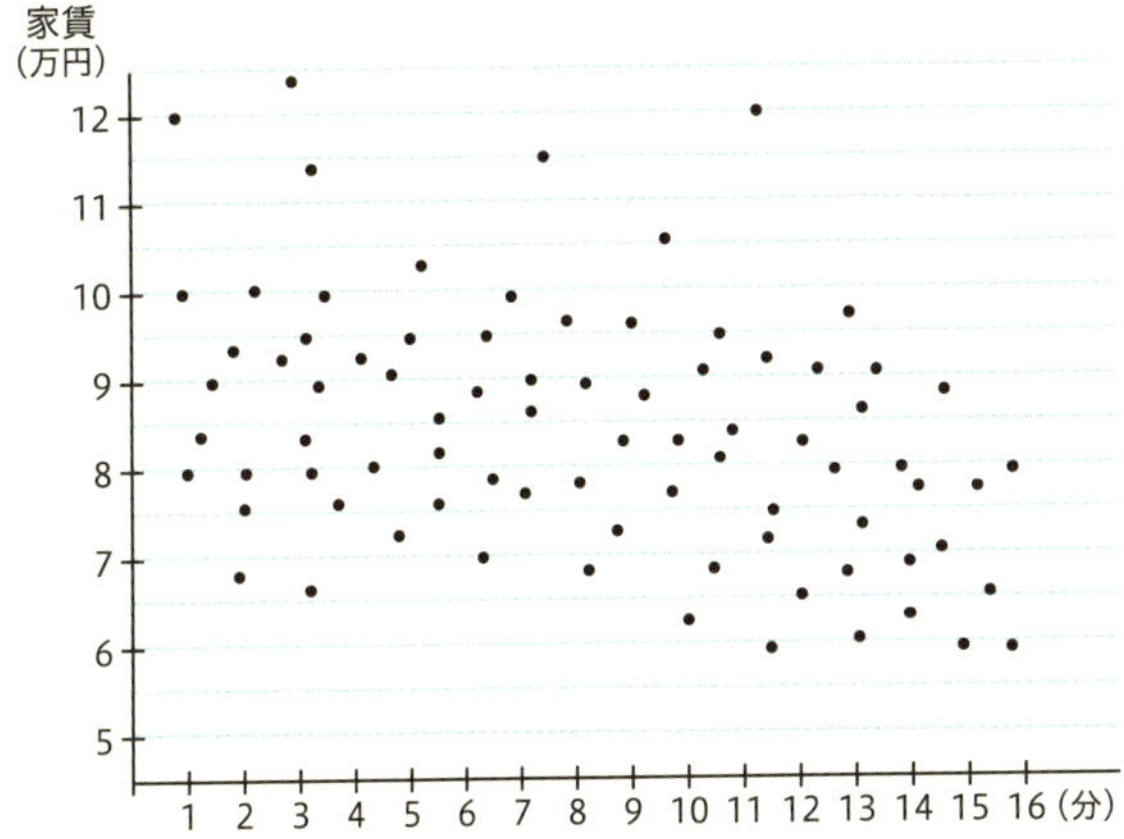

がりで直線になっていたならば、相関係数は−1、完全逆相関と呼ばれます。通常ほとんどのデータは−1と+1の間のどこかに定まることになりますね。両者の間にまったくなんの関係もない場合、その場合相関係数は0になります。

ただし、相関係数はデータが図7－6aのような直線関係にどれだけ近いかをあらわす指標です。そのため、直線とは異なるが密接な関係をもつ場合――例えば図7－6cのように二変数が放物線状の関係にあるものについては非常に低い相関係数になります。そのため、分析にあたっては相関係数と散布図を組み合わせて検討する必要があります。

図7－5では、やや弱いながら「駅歩が多

図 7-6　X と Y の様々な関係

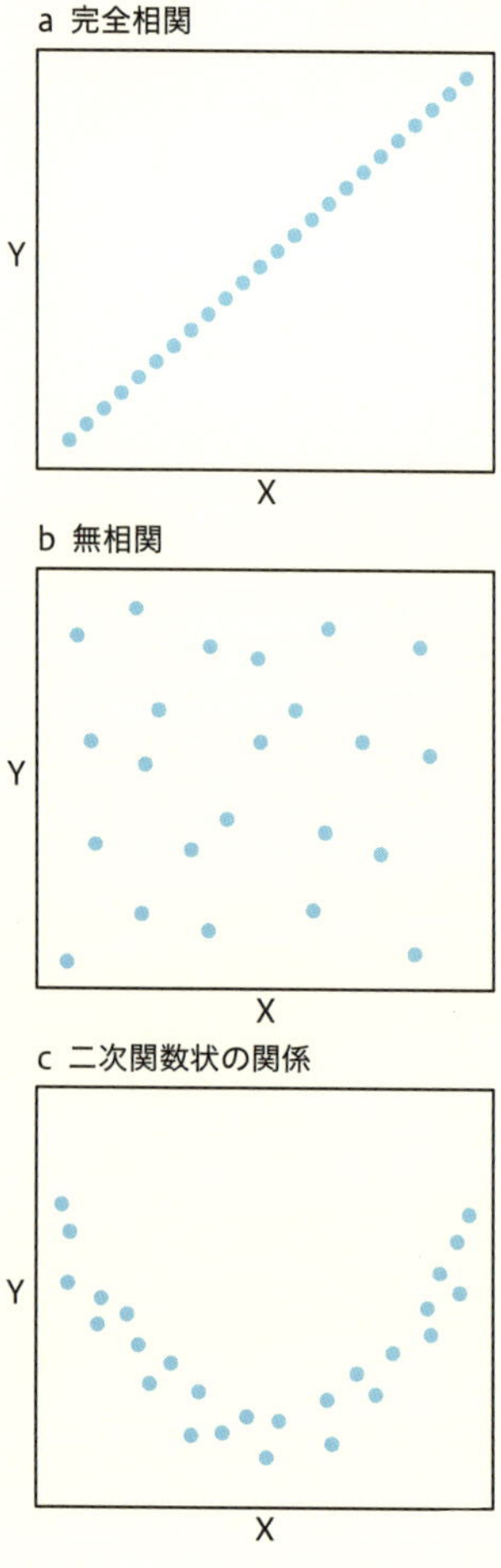

いと家賃が下がる」という関係があります。このイメージがまさに、フィリップス曲線のような理論化の入口としてのデータ利用です。果たして、この仮説は正しいのでしょうか。

次章では仮説を確かめるための統計手法を扱います。

第8章　回帰分析――経済理論の賛否を確かめるための経済学

これまで説明してきた記述統計は、あくまでデータから効率よく情報を得るための整理法にすぎません。データ観察からアイデアを得ることは重要ですが、経済学における統計の活用にはもう一つの使い途があります。それがさまざまな理論の妥当性を検証するためのデータ利用です。

経済学の理論は「価格規制を行ったら取引量が減少した」「財政政策を行ったらGDPが上昇した」といった因果関係を示すものが大半です。そのため、経済理論をデータで検証するとは、この因果関係が成立しているか否かを統計的な手法で判断することに他なりません。

1　ランダム化比較――シンプルでいて理想的な方法

データによる検証が必要というなら、「価格規制を行った後に実際に取引量が減少した」かどうかを確かめればよい……なにも難しい話をする必要はないと思われるかもしれません。しかし、「価格規制が行われた後には9割以上の割合で取引量が減少している」というデータをもって「仮説がデータからも確認できた」といってよいものなのでしょうか？

データから因果関係を知るためには何が必要か。それを理解するためには疫学で用いられる四分割表を理解するとよいでしょう。「ある薬Xを飲んだ人の95％の風邪が治った」というデータがあったとします。これだけをみていると、Xは風邪に対してきわめて有効な薬に感じられるかもしれません。

しかし、薬を飲んだことが、本当に風邪の治った原因なのでしょうか？　薬を飲まずに放っておいても風邪は勝手に治ったかもしれません。そこで、あるグループには新薬を投

図 8-1　疫学四分割表

	治った	治らない
処置群	95%	5%
非処置群	92%	8%

与し（処置群）、別のグループにはただの小麦粉などニセモノの薬を渡します（非処置群）。たとえば、新薬Xを飲んだ人のうち、治った人が95%、治らなかった人が5%いたとしましょう。一方で、ニセモノの薬を飲んだ人たちも治った人が92%、治らなかった人が8%だったとするならば――新薬Xの有効性はそれほど高いモノではないのではないかと疑いたくなりますね。風邪は9割方自然に治るか、薬を飲んだつもりになれば治る（このような偽薬の影響をプラシーボ効果と呼びます）もので、新薬の効果は絶大というわけではなさそうです。

ランダムに被験者を集め、これまたランダムに処置群と非処置群に分け、「治った」か「治らなかった」かを観察する。このようなデータの作成・検討の方法をランダム化比較、ランダム化実験と呼びます。仮説（この場合は新薬が風邪を治すのに有効か）を検証するためには「処置群／

非処置群」「治った／治らない」という2×2の4種類の数値が必要です。

　このようなランダム化比較の手法は、自然科学の分野では王道と言ってよい分析方法です。経済学においても、行動経済学などでは心理学の手法を応用してこのような実験を行って仮説を検証するようになってきています。しかし、多くの経済的な仮説ではこのようにコントロールされた実験を行うことは容易ではありません。マクロ経済学の分野ではその傾向が顕著です。例えば「公共事業の拡大はＧＤＰを増加させるか」という仮説を検証するために、世界中の国のなかからランダムに公共事業を拡大する国としない国を選び……なんて実験できっこないですよね。

　コントロールされた実験が不可能な状況で仮説を検証しようとする場合、次善の策として考え得るのが「自然実験」という手法です。例えば、州ごとに規制が異なり、規制の有無が経済的な理由とは無関係に決まっていると想定される場合には擬似的なランダム比較が可能です。同じ規制を全国一斉に行うと事務処理が大変であるという理由で時期をずらして導入したといった都合のよい事例があれば、仮説検証の条件は（経済的な仮説のなかでは比較的）整っていると言ってよいでしょう。

　しかし、このような好都合な環境がいつでも手に入るとは考えられません。その場合には、これまたデータを用いてランダム化比較に近い検証を試みる努力が必要です。

地域のお祭りをYouTubeで宣伝したら観光客数が20％増えたとき、その20％増は本当にお祭りの宣伝をしたことによる集客なのでしょうか？　それを知るためには、同規模・近隣の市町村のなかで宣伝を行っていない地域と比較する必要があります。単に日本が円安のため、日本中の観光地で観光客が伸びているだけの話かもしれないのです。

先ほどの価格規制の例も、衰退産業ほど価格規制が行われる可能性が高く、衰退している産業であるために（価格規制などなくても）取引量は減少しただけかもしれません。仮説を検証するためには、少なくとも「衰退産業／成長産業」「価格規制有／無」という四つの場合について取引量が減少した割合を調べる必要があるでしょう。

経済学的な仮説の検証や政策評価を行う際にも、ランダム化比較と四分割表を念頭に比較検討する必要があります。しかし、このような配慮を行う際に、問題になるのが「同規模・近隣の市町村とは何か」、「衰退産業・成長産業は何をもって区別されるのか」です。さらに別の場合わけはあり得ないのか検討する必要もあるでしょう。実験不可能な環境のなかでいかにして「ランダム化比較っぽい」分析を行うか——その際に活躍するのが多変量解析であり、なかでも経済学で多用されるのが重回帰分析です。

2　回帰分析――「実験できない」を乗り越える

このような実験ができないことから生じる問題をクリアするために用いられる手法のひとつが「回帰分析」です。回帰分析はある変数（被説明変数）を他の変数（説明変数）で「どのように」もしくは「どれくらい」説明できるのか探索する統計手法です。回帰分析を理解するためにはその最も単純な例である単回帰分析から始めるとよいでしょう。

†単回帰分析

単回帰分析は、「駅歩がマンションの賃貸価格に与える影響を統計的に求める」といった、ひとつの説明変数（駅歩）と被説明変数（賃貸価格）の関係を数式であらわす作業です。被説明変数を説明する関係をもっています。イメージとしては先ほどの散布図の傾向にもっとも近い直線（近似直線）を引く作業と考えておくとよいでしょう。

図8－2は前章の散布図に近似直線を加えたものです。近似直線とは、データの傾向に

図 8-2　駅歩と賃貸価格散布図・近似直線

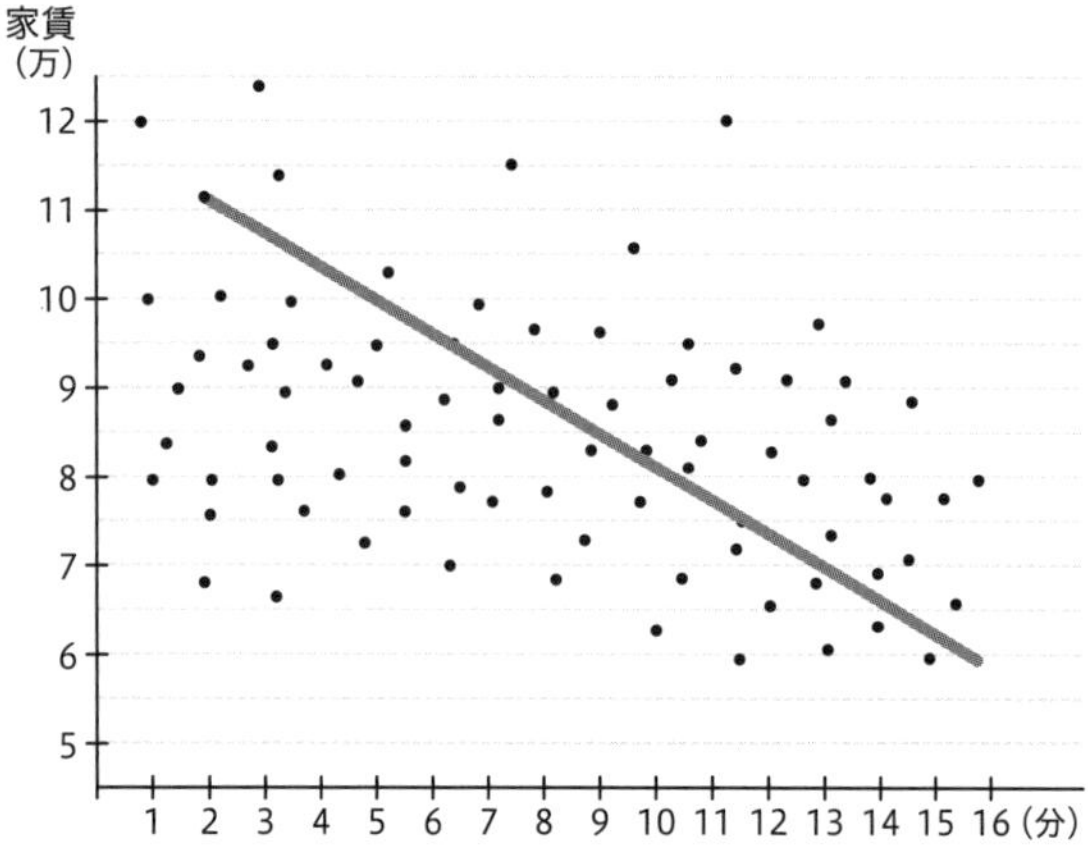

最も似ている直線のことです。「実際の値と近似直線から予想される値との差の2乗の合計が最小となる式」を求める……というとなんだか難しく感じるかもしれませんが、これは説明変数と被説明変数の平均的な関係を求めていると理解しておいてください。「平均」ですから、回帰分析もまた極端な値に弱いという平均値の性質を受け継ぐことになります。

実際の導出はエクセルなどの表計算ソフトでも簡単に求めることができますが、詳細には立ち入らず、回帰式の読み解き方について学んでいきましょう。

賃貸価格を縦軸に、横軸に駅歩を取ったところ、このような結果が得られたとします。

賃貸価格 ＝ 8万9000円 − 800 × 駅歩（分）
R^2 = 0.45, サンプルサイズ = 80

このような式を回帰式と呼びます。この回帰式からは、駅から1分遠くなるごとに800円家賃が下がっていく関係があることが読み取れます。また回帰式に決まって添えられているR^2は決定係数と呼ばれ、この回帰式が手持ちのデータの賃貸料のうち、何パーセントを説明しているかをあらわしています。例の場合の0・45であれば、データの45%をこの回帰式が説明したと解釈できるわけです。また、サンプルサイズは収集したデータの数です。

しかしこのような単回帰分析には不十分なところがあります。駅から遠ければ遠いほど広い部屋が多くなる可能性がありますよね。一般的に家の床面積が広いと家賃は上がっていくでしょう。お祭りのYouTubeによる宣伝効果を知るために「宣伝を行わなかった自治体の観光客数」が必要なように、価格規制の影響を知るために「各産業の成長力」を知る必要があったように……正確な影響力を知るためには賃貸価格に影響を与える駅歩以外の要因を考慮しなければなりません。

重回帰分析

そこで登場するのが、**重回帰分析**です。重回帰分析では複数の説明変数によって、被説明変数の値を説明します。たとえば駅歩だけではなく、築年数や面積、バス停までの距離などを考えることで、他の要因の影響を除いた駅歩から賃貸価格への影響を検出できるようになるわけです。他の変数からの影響（例えば駅歩が長いほど面積が大きいなど）を考慮することである変数（ここでは駅歩）の正確な影響を知る作業を「コントロール」と呼びます。

ここでは、駅歩と面積の二つを説明変数とした重回帰式を例に説明を進めましょう。部屋の面積から賃貸価格への影響と同時に分析することで、より純粋に駅歩から賃貸価格への影響を調べることができます。いわば、面積についてコントロールした駅歩の賃貸価格への影響を計算するというわけです。

$$\text{賃貸価格} = \underset{(0.001)}{65000} - \underset{(0.04)}{1500} \times \text{駅歩（分）} + \underset{(0.03)}{800} \times \text{面積（㎡）}$$

$R^2 = 0.65$　サンプルサイズ = 80

得られた回帰式から、駅歩6分で面積が20㎡の部屋の賃料は７２０００円（＝65000−1500×6+800×20）であるという予想ができます。そして、面積という要因を入れたことで「仮に面積が同じならば駅歩が1分遠くなるごとに賃料は平均１５００円下がっていくだろう」という結論が得られるのです。その結果、単回帰分析に比べ、面積についてコントロールされた駅歩の影響を知ることができることになります。

この「コントロール」こそが重回帰分析の重要なポイントです。重回帰分析はランダム化された実験が不可能だからこそ、「被説明変数に影響を与えるであろうその他の要因」くらいはコントロールして影響の有無を調べようという試みなのです。先ほどの価格規制の例でも、最も知りたい影響経路である「価格規制の強さ」に「各産業の過去の成長率」や「日本以外の国での各産業の成長率」といった変数を加えて、被説明変数である取引量の変化への回帰分析を行う必要があります。

†有意検定——統計学の特徴的な判断法

重回帰分析の式の定数項や各係数の下に（　）で数字が書いてあることに気づかれたでしょうか。回帰分析を報告する際には、多くの場合係数の下にP値やt値と呼ばれる値が書き加えられています。

回帰分析は今ある情報の中から、それらしき式を導くものです。マンションの賃貸価格について、日本中のすべての賃貸価格を収集することはできません。たとえば、金融資産を調査する場合にも、実際にアンケート調査にこたえてくれた人は日本の全人口の数パーセントにもならないでしょう。47都道府県のようなデータであればすべて入手可能と感じるかもしれませんが、都道府県制度なんてなかった時期や将来のあらゆる時代のデータを入手することはできません（遠い過去にはデータが収集されていませんし、将来については原理的に入手不可能です）。あくまで入手できるのはデータの一部——この一部から全体を語らなければならないという困難があるのです。これは経済学だけではなく、理想的にコントロールされた実験についてもつきまとう問題です。すべての風邪を引いた人を調査することは不可能ですものね。

入手できるデータは全体のごく一部にすぎません。すると、今あるデータで「たまたまそうなっただけ」という可能性も否定できないのです。得られた回帰式が「偶然得られただけ」かもしれないという懸念を払拭するために用いられるのが「検定」です。

この検定の考え方は非常に特殊でなじみづらいと感じる方もあるかもしれません。しかし、統計的検定に限らず、その思考法は非常に有用です。

統計的検定の際には「帰無仮説」というちょっと特殊な仮説を設定します。先ほどの例でいえば、「駅歩と賃貸料には関係がない」という仮説を立ててみましょう。次に、「駅歩と賃貸料には関係がない（真の係数は0）」にもかかわらず、「駅歩が1分遠くなると1500円賃貸価格が下がる（1500という係数が求められた）」という関係が偶然得られてしまう確率を求めます。この確率をP値と呼びます。

ここでは駅歩の係数のP値に注目しましょう。括弧内の値は0・04です。これは、「駅歩と賃貸料には関係がない」としても、データのばらつきやデータ数から勘案すると4％の確率で偶然1500以上の係数が算出されてしまうことを意味しています。問題はこの「4％」を高いとみるか低いとみるかです。経済学では多くの場合、P値が5％以下ならば「滅多にないことだから、駅歩は賃貸価格に影響しているのだろう」と結論します。

つまりは、P値が0・05未満ならば、帰無仮説である「駅歩と賃貸料には関係がない」を否定（統計学では棄却と呼びます）して、「駅歩が遠くなると賃貸価格を低下させる」と結論するわけです。

5％を基準に「本当は無関係なのに偶然このような結果になるのは5％未満だから、関係性はあると考えておこう」という判断方法を「5％有意水準」による判断といいます。ここから、一連の回帰式の結果を経済学（というか統計学）では「5％有意水準で駅歩が遠くなると賃貸価格が低下するということが示された」と表現します。

社会学でも有意水準としては5％が用いられることが多いようです。一方、実験が繰り返し可能な工学部などでは1％有意水準やもっと厳しい有意水準が用いられます。ちなみに定数項である65000円のP値は0・001。本当は0であるのに偶然65000以上の値が得られる可能性は0・1％ですから、これは1％有意水準で回帰式の定数は0ではないと言えるわけですね。

このような検定のプロセスは、自身が想定する関係とは正反対の帰無仮説を設定して、帰無仮説が正しいと仮定してデータを眺め、

・もし帰無仮説が正しいなら、5％以下でしか発生しない現象がおきた。
・そんな偶然はまずないであろうから帰無仮説は間違えている。
・したがって帰無仮説とは異なる（この場合は「駅歩が遠くなると賃貸価格を低下させる」という）結論を導く。

というものになっています。勘の良い方はお気づきかと思いますが、これは一種の背理法ですね。背理法や統計的検定の考え方はビジネスにおける意思決定などでも非常に大きな力を発揮します。なお、5％有意という表現は「回帰式が95％正しい」とか「係数が誤りである確率が5％以下」という意味はないことに注意してください。〇〇％という数字はあくまで、帰無仮説を否定する際の基準にすぎません。「本当はまったく関係ないのに、偶然係数がX以上になる確率」が5％以下というだけの意味なのです。

ここでは直感的に理解しやすいP値を用いて説明しましたが、日本国内の論文・レポートではP値の代わりにt値と呼ばれる数値が掲載されることが多くなっています。P値とは逆にt値は（絶対値が）より大きいほうが厳しい有意水準で帰無仮説を否定することができます。その絶対値が2以上であれば、本当は関係ないけれど、偶然このような可能性が得られた可能性は5%以下になっています（5%有意）。3・6以上ならば1%以下の確率です（1%有意）。P値があまりにも高い、t値の絶対値があまりにも小さい場合には、その変数を回帰式から除いて再計算を行うこともあります。

統計的検定の思考法を理解すると、その欠点にも自覚的になることができます。さきほどの検定の過程での「5%以下でしか発生しない現象がおきた」という部分に注目してください。コインを1回投げて表が出る確率は50%ですね。コインを2回投げたら2回とも表が出る確率は25%、コインを3回投げて3回とも表が出る確率は12・5%です。ではコインを3回投げたら順番に「表・裏・裏」になる確率は何%でしょう。これも12・5%です。つまりは、コインを投げる回数というデータ数が増加すればするほど、特定の出目（裏・表の出方）になる確率は低下していくのです。

同様に、回帰分析においてもデータ数が増えれば増えるほど、収集したデータと同じ（かより珍しい）サンプルが偶然得られる可能性は低くなっていくでしょう。そのため、検定はデータ数を増やしていけばいつかは必ず有意になるという性質をもっています。データ数を増やせば必ずいつか有意であると判定できるわけですから、大量のデータ収集が可能な分野では検定にはたいした意味がないということになります。検定はあくまでデータが限定されている際の判断基準なのです。

さらなる「コントロール」に向けて

このように回帰分析は実験できない分野で、さまざまな示唆を与えてくれます。しかし、回帰分析は万能なツールではありません。回帰分析があらわすのは相関関係であって因果関係ではない場合がある、という欠点があるのです。

経済理論に限らず多くの分野において研究にとって重要なのは因果関係です。因果とは「AによってBが引き起こされる」というもの。相関は「AとBが同時に観察された」という状況にすぎません。そして、観察されたデータはそのままでは単なる相関関係以上の意味は持ち得ないのです。

たとえば、「ナマズが騒ぐと地震が起きる」という迷信をご存じでしょうか。昔の人は信じていたかもしれませんが、ナマズが地震を起こしていると思っている人はいないでしょう。一方で、ナマズは地震が起きる前の地殻変動を敏感に感じ取っていると言われます。このとき、ナマズが騒ぐことと地震の間には相関関係があるが因果関係はありません。ですが、地震の規模とその直前に暴れたナマズの数で回帰分析すると、ナマズの数は地震の規模と1%有意水準で関係があるといった結論が導き出されるかもしれませんね。

これは荒唐無稽な例ですが、世の中には相関関係と因果関係を取り違えていることが多くあります。これをもって「テレビを見ると健康になる」と言うことはできるでしょうか。また、日本人の平均寿命とテレビの普及率の間にはきわめて強い相関関係があります。また、児童の朝ご飯とテストの成績の間にも相関関係がありますが、「朝ご飯を食べさせる親は、子どもの勉強にも熱心なだけだ」と指摘されることもあります。

このように、見落としている「潜在的な理由」には十分な注意を払わなければいけません。ナマズの場合には地殻変動、平均寿命とテレビ普及率については戦後日本人は豊かになったという傾向、朝ご飯であれば親の教育の熱心さなど……これらの変数をコントロールしていない分析は誤った結論の元になります。このような見落としのないよう、さまざまな方面の因果関係や影響経路に注意しながら分析をすすめなければなりません。

また、回帰式においては「逆因果」にも注意が必要です。たとえば、外見がよいほど年収が上がるといった関係があったとしましょう。非常に単純な回帰分析の結果でその人のルックスが有意に年収を高めているという結論が得られたとしても、「結局人生は見た目で決まる」と悲観してはいけません。因果の方向は「ルックスから年収」だけではないのです。年収が高いとスポーツジムやエステにお金を掛けることができる。さらにはバリバリ仕事をしているという自信が顔に出るといったケースも考えられるでしょう。つまりは「年収からルックス」という逆因果がある可能性が否定できないのです。経済のデータはこのように、ニワトリと卵のようにお互いがお互いに影響を与え合っている場合が少なくありません。

ルックスから年収アップへの影響を純粋に調べるにあたっては、操作変数法という技法が用いられます。ルックスには影響するが年収からは直接影響されない変数（例えば中学の卒業アルバムでの美男美女度など）を探し、その変数の情報を用いて回帰分析を行う必要があるのです。

3　さらなるデータ活用に向けて

経済学の多くの分野ではランダム化比較のためのコントロールされた実験を行うことができません。さらには自然実験と呼べるデータが手に入る幸運に恵まれることも少ない。

だからこそ、回帰分析などを用いて擬似的なランダム化比較を行うというのが経済学における データの主な利用法です。公的なデータや手に入れられるデータという限定された情報から有益な知見を得ようというわけですから、(分析の前に)もっとも気をつけなければならないのはデータの性質・品質ということになります。データの種類に応じた特徴を知り、質の悪いデータに引っかからないようにすることで、より実りある分析が実行できるのです。

†経済でよく見るデータのタイプ

入手可能な経済関連のデータは、大きく分けて三つに分類できます。それが、①時系列データ、②横断面データ、③パネルデータです。各データごとに見落としやすいポイントがあるので、少しだけ紹介しておきましょう。

日本のGDPを1955年から2016年にかけて収集した場合、そのデータは「時系列データ」であると言われます。時系列データの特徴は多くの変数が類似の動きを続けることが少なくない点です。たとえば、戦後の日本の総消費と総投資、総政府支出は1990年頃までは、どのデータも一貫して右上がりの特徴をもっています。そのため、消費・

投資・政府支出間の因果関係を検討する際には、「戦後の日本は総じて豊かになっていった」というタイムトレンドをコントロールした上で分析を進める必要があります。

「横断面データ」は「クロスセクションデータ」とも呼ばれます。47都道府県の1年間のGDPなどは横断面データの一例です。クロスセクションデータはタイムトレンドがないので扱いやすいデータです。その一方で、その年の「日本全体の景気の良さ」がすべての都道府県に影響をしている可能性があります。つまりは横断面データから得た結論は、「その年たまたまそうだっただけ」という可能性を否定しづらいのです。そのため、全データに共通する要因によって影響の正負が変わってしまう理論については横断面データによる検証は避けるといった工夫が必要でしょう。例えば、「企業の借金の増加率と業績」の関係は景況によってまったく逆の関係を示すかもしれません。景気が良い時には借り入れをいとわずに業務を拡大した企業のほうが業績が高くなるかもしれない反面、不況時には業績悪化の結果として借金が増えるということがあるでしょう。

これらの欠点を克服するために、近年では、時系列データかつ横断面データである「パネルデータ」が使われることが多くなっています。47都道府県のデータが50年分、というイメージで考えてください。ただし、パネルデータにも欠点があります。それは、データが入手しにくいという点です。例えば日本のＧＤＰのパネルデータは存在しません（日本はひとつしかないので）。また学歴とその後の所得推移について調べたいという場合も、多数の人を長期にわたって継続的に調査したデータは非常に少ないのが現状です。そのため、データを入手できるならばできる限りパネルデータで分析を行い、それが不可能な場合には時系列・横断面データの欠点に十分配慮した分析方法を選択するといった対応が必要になります。

†統計詐欺とデータの品質

データの性質以上に注意が必要なのが、データそのものの質です。19世紀の英国首相ベンジャミン・ディズレーリは「嘘には3種類ある——嘘、大嘘、そして統計」という言葉を残したといわれます。統計は数字やデータに弱い人ほど根拠のない数字にコロッと騙されてしまいます。統計詐欺でよく使われる手法の多くが意図的に質の悪いデータを用いて、さも統計的な検証に耐える議論であるかのように装う手法です。ここでは代表的な三つの「統計の嘘」を知ることで、無意識のうちに嘘の分析に陥ってしまわないための心得としましょう。

①見せ方の嘘

第一の嘘はデータを図で示す際に用いられる嘘です。グラフの縮尺を変えたり、データ期間を意図的に操作することで、事実とは異なる印象を与えることができます。

例えば、少年による犯罪は80年代末をピークに減少を続けているのですが、あえて少年犯罪は深刻であるという印象操作を行う場合を考えましょう。この場合、データ期間としては少年犯罪の減少ペースが緩やかになった２０００年代半ば以降のデータだけを用いて、さらには例外的にほんの少しだけ増加が見られた犯罪に限定し、ちょっとだけの増加が大幅の増加に見えるように目盛りを設定すれば……数字に弱い人ならば上手にダマされてしまうかもしれません。

②選択の嘘

次の嘘は見せ方の嘘以上に無意識に陥ることのある罠です。アメリカの海兵隊は広告で「ニューヨーク市民の年間死亡率よりも海兵隊員の年間死亡率のほうが低い」と宣伝しました。これをみて、海兵隊は安心なんだな……と思ったら大間違いです。「ニューヨーク市民」にはもともと死亡率の高い乳幼児と老人が含まれています。当然ですが若者ばかりの海兵隊と比べると、死亡率は高くなってもおかしくありません。このように、妥当な例で比較しているのか検討する必要があります。

③ 収集の嘘

エステサロンの入口で「エステに興味はありますか？」とアンケートを取った場合、実際の平均よりも高い割合の人が「エステに興味がある」と答えるでしょう。このような特定の意図をもって統計を操作したという場合以外でも、知らず知らずのうちに収集の嘘に加担してしまう場合もあります。

例えば、ある大学が「卒業生の活躍」を調べるために同窓会事務局を通じて現在の年収を尋ねたとしましょう。調査開始時点でそのような意図はなくても、この調査方法では「実際のOB・OGの年収」よりもはるかに高い「卒業生の平均年収」が算出されます。倒産や破産、病気などさまざまな理由で生活に困難を抱えている卒業生の住所を大学が把握していることは稀です。さらには、年収を聞く問い合わせに対して、年収が低い人は回答しない傾向がありますし、見栄をはって多めに答えてしまう人もいるかもしれません。

普段接しているデータがどのような方法でつくられているのか、興味をもって見ると違った側面が見えてくるのです。

ビッグデータで経済学はどう変わるのか?

統計学に計量経済学……データサイエンスの分野で、もっとも注目されているのがビッグデータです。統計の嘘の多くが意図的に質の悪いデータを用いるという技術(?)でした。近年話題のビッグデータはこのデータの質の問題を解決する方法として注目されています。ビックデータとは何でしょうか? 単純にデータの数が多ければそれがビッグデータであるという解釈もありますが、実はデータ収集自体が正しく行われていなければ、データの数がいくら増えても意味がないということになります。

先ほどの例のように、エステサロンの入っているビルから出てくる女性を捕まえて「エステサロンに興味があるのか」と聞いたデータは、そのデータ数が数万件になっても何の意味もありません。ビックデータのポイントはデータ収集のためにデータを集めたのではなく、ある時点での交通量をすべて記録する、またはネット上でのクリックの履歴をすべて記録するといったように、データ収集と、分析の目的が切り離されていることが多い。

これが「データの嘘」を回避するのに役立つと考えられるのです。

存在するすべてのデータを集めることができれば、統計の歪みはなくなります。「すべて」は難しくても、調査とは関係のない理由で収集された大規模な情報を集めていくことで、歪みのないデータに近づいていくのです。しかし、それほど多岐にわたるデータを処理するためには、人間の力では太刀打ちできません。

そこで登場するのが人工知能（AI）です。AIは世の中にある、「結果として収集されているデータ」――たとえば信号のセンサーからは車両の通過台数、インターネットの閲覧履歴からはその人の興味関心――そういった多岐にわたるデータをAIは収集し、各変数間の関係についていわば数十万種類の回帰式（やより詳細な分析手法）を回し、そのなかから予想力の高いものをピックアップしていくのです。

本章で登場した例をみても、あくまで人間が「影響があるだろう」と考えている範囲で回帰式の変数が設定されていることに気づかれたことでしょう。しかしAIが回帰式をつくれるようになると、人間が思いつかなかった回帰式がどんどん生まれることになり、今まで想像もつかなかった意外な関係性が発見されるかもしれません。

このようなビッグデータとAIの進化が起きると、経済学や計量経済学はいらなくなると思われるかもしれません。しかし、それは大きな間違いです。AIが導いた結論を使うユーザーにとっても、AIが何をやっているのか理解しておくことは必要です。本章で扱ったように、回帰分析がどのような問題点を抱えているのかについては、これからAIとつき合っていく上で今まで以上に必須の知識にもなり得るのです。

そして、ビッグデータやAIがいくら進化しても、その「人間が想像もつかなかったような関係性」が因果ではなく相関にすぎないという問題は残ります。さらに、「昨日のデータまでは高い相関があった」としても「明日も高い相関がある」とは限らないのです。多種多様なデータを探索しながらその関係性を探っていくことで、このような昨日までは偶然成り立っていた関係をピックアップしてしまう可能性はこれまでとは比較にならないほど高まるでしょう。実際、ある時期の何千種のデータを検討したら株価を最も正確に予想するのはサザエさんの視聴率だという結論になったとか。これはもちろん偶然で、期間を変えたら両者の関係は消滅しました。このような問題を回避するためにも、ビッグデータやAIのユーザー側のリテラシーが求められるようになっていくのです。

おわりに

経済学のガイドブックはいかがでしたか？　経済学の体系・システム、そして思考のクセ――経済学世界の雰囲気を感じていただけましたでしょうか。これを機に、経済学についてもう一歩踏み込んで勉強してみようと考えていただけたなら、筆者としてこれ以上の幸いはありません。

そして旅行ガイドが実際の旅行計画の第一歩として用いられるように、経済学ガイドブックもこれから本格的に経済学を学ぶにあたっての最初のステップです。ぜひとも本書でつかんだざっくりとしたイメージを武器に、より詳細な経済学・経済理論の世界に足を踏み入れていきましょう。そこで、本書読了後の学習メニューについて紹介することで「おわりに」に代えたいと思います。

いよいよ本格的に経済学の教科書を……といっても、いきなり大学で用いられる教科書を「お勉強」するというのはハードルが高いと感じるかもしれません。そんな人には本書と同じ新書の経済学入門がおすすめです。

『ミクロ経済学　入門の入門』（坂井豊貴、岩波新書）は本書では触れなかった無差別曲線や不確実性の取り扱い、さらには再分配にまで言及しているコンパクトな入門書です。数式ではなく図解によって説明するという配慮もうれしい1冊でしょう。

マクロ経済学に関しては、近年刊行の新書サイズのものが少ないため、僭越ながら『マクロ経済学の核心』（飯田泰之、光文社新書）を推薦しておきたいと思います。本書では取り扱わなかった長期の経済成長理論や中期モデルの説明が豊富です。

計量経済学については――経済学の本ではないのですが、あえて『データ分析の力　因果関係に迫る思考法』（伊藤公一朗、光文社新書）を薦めたいと思います。本書でも繰り返し登場したランダム化比較の意義、それが不可能な現実のなかでの対処法について的確な解説が書かれています。

ここまで学習を進めると、いわゆる「大学の教科書」のような書籍でも難なく読み進むことができるでしょう。むしろ、平易に書かれた教科書については物足りないと思う方さえあるかもしれません。

「大学の教科書」を選ぶ際には注意が必要です。経済学を学ぶ目的、自身の専門分野に適したテキストを選ばなければいけません。大学の学部レベルの経済学の教科書は、資格試験や大学院入試対策に使えるように配慮されたものと、あくまで経済学の論理や応用可能性に記述を絞り込んだものが混在しています。見分けるためのポイントのひとつは計算問題のウェイトです。テスト対策を主眼においたテキストは計算問題の説明に紙幅を割く傾向があります。各章末などの「練習問題」を見て、自身の学ぶ目的に応じた選択をするとよいでしょう。

また、もうひとつの問題として……理系出身の方や他分野の専門家にとって多くの経済学の教科書は、言葉による説明ばかりで読みにくいと感じられることでしょう。むしろさっさと数学で説明してほしいという人も少なくないと思います。そんな人はむしろ中級（大学院初年次に用いられる）のテキストの方がわかりやすいということもあると思います。

本書と新書レベルで経済学の三つの基礎であるミクロ・マクロ・計量をおさえ、さらには標準的なテキストを1冊ずつ読んだら……経済学を「お勉強する」段階は終了だと思います。自身の興味のある分野――財政政策なり、産業組織論なりについての（入門解説ではない）一般書を読んでみてください。経済学を学習する前とは異なり、論理やデータによる議論の展開が驚くほどスムーズに頭に入ってくると思います。こうなれば、もう私からガイドすべきことはなにもありません。一般書を離れて専門書へ、自分の興味のある論文・レポートを読むことで最新の知識を入手する――セミプロの経済学ユーザーとして、その知識を自身の分野で生かしてください。読者のなかから、高度な経済学ユーザーが、または将来の経済学者が一人でも多く生まれることを願ってやみません。

最後に、本書企画段階からお手伝いいただいた元シノドスの部下にしてライターの山本菜々子さん、草稿のブラッシュアップや構成の練り直しを提案いただいた担当編集者の永田士郎さまに感謝しつつ、『経済学講義』の結びとしたいと思います。

飯田泰之

2017年7月

索引

【A～Z】

【あ行】

【か行】

【さ行】

【た行】

【な行】

【は行】

【ま行】

【や行】

【ら行】

【わ行】

ちくま新書
1276

経済学講義《けいざいがくこうぎ》

二〇一七年九月一〇日　第一刷発行
二〇二五年四月一〇日　第三刷発行

著　者　飯田泰之（いいだ・やすゆき）

発行者　増田健史

発行所　株式会社　筑摩書房
東京都台東区蔵前二-五-三　郵便番号一一一-八七五五
電話番号〇三-五六八七-二六〇一（代表）

装幀者　間村俊一

印刷・製本　三松堂印刷　株式会社

ISBN978-4-480-06985-6 C0233

ちくま新書

628
ダメな議論
——論理思考で見抜く
飯田泰之
国民的「常識」の中にも、根拠のない〝ダメ議論〟が紛れ込んでいる。そうした、人をその気にさせる怪しい議論をどう見抜くか。その方法を分かりやすく伝授する。

002
経済学を学ぶ
岩田規久男
交換と市場、需要と供給などミクロ経済学の基本問題から財政金融政策などマクロ経済学の基礎までを、現実の経済問題に即した豊富な事例で説く明快な入門書。

035
ケインズ
——時代と経済学
吉川洋
マクロ経済学を確立した20世紀最大の経済学者ケインズ。世界経済の動きとリアルタイムで対峙して財政・金融政策の重要性を訴えた巨人の思想と理論を明快に説く。

065
マクロ経済学を学ぶ
岩田規久男
景気はなぜ変動するのか。経済はどのようなメカニズムで成長するのか。なぜ円高や円安になるのか。基礎理論から財政金融政策まで幅広く明快に説く最新の入門書。

225
知識経営のすすめ
——ナレッジマネジメントとその時代
野中郁次郎
紺野登
日本企業が競争力をつけたのは年功制や終身雇用の賜物のみならず、組織的知識創造を行ってきたからである。知識創造能力を再検討し、日本的経営の未来を探る。

336
高校生のための経済学入門
小塩隆士
日本の高校では経済学をきちんと教えていないようだ。本書では、実践の場面で生かせる経済学の考え方をわかりやすく解説する。お父さんにもピッタリの再入門書。

396
組織戦略の考え方
——企業経営の健全性のために
沼上幹
組織を腐らせてしまわぬため、主体的に思考し実践しよう！　組織設計の基本から腐敗への対処法まで「これウチの会社！」と誰もが嘆くケース満載の組織戦略入門。

ちくま新書

1260
金融史がわかれば世界がわかる【新版】
——「金融力」とは何か
倉都康行
金融取引の相関を網羅的かつ歴史的にとらえ、資本主義がどのように発展してきたかを観察。旧版を大幅に改訂し、実務的な視点から今後の国際金融を展望する。

1268
地域の力を引き出す企業
——グローバル・ニッチトップ企業が示す未来
細谷祐二
地方では、ニッチな分野で世界の頂点に立つ「GNT」企業の存在感が高まっている。その実態を紹介し、国や自治体の支援方法を探る。日本を救うヒントがここに！

1270
仕事人生のリセットボタン
——転機のレッスン
為末大
中原淳
これまでと同じように仕事をしていて大丈夫？　右肩上がりではなくなった今後を生きていくために、自分の生き方を振り返り、明日からちょっと変わるための一冊。

1274
日本人と資本主義の精神
田中修
日本経済の中心で働き続けてきた著者が、日本人の精神から、日本型資本主義の誕生、歩み、衰退の流れを様々な資料から丹念に解き明かす。再構築には何が必要か？

1275
ゆとり世代はなぜ転職をくり返すのか？
——キャリア思考と自己責任の罠
福島創太
いま、若者の転職が増えている。本書ではゆとり世代の若者たちに綿密なインタビューを実施し、分析。また、彼らをさらなる転職へと煽る社会構造をあぶり出す！

1136
昭和史講義
——最新研究で見る戦争への道
筒井清忠編
なぜ昭和の日本は戦争へと向かったのか。複雑きわまる戦前期を正確に理解すべく、俗説を排して信頼できる史料に依拠。第一線の歴史家たちによる最新の研究成果。

1205
社会学講義
橋爪大三郎／佐藤郁哉／吉見俊哉／大澤真幸／若林幹夫／野田潤
社会学とはどういう学問なのか？　基本的な視点から説き起こし、テーマの見つけ方・深め方、フィールドワークの手法までを講義形式で丁寧に解説。入門書の決定版。